내가 철야기도를 강추하는 이유!

철야기도는 하나님과 길게 독대하면서 회개하고 위로받으며 새 힘과 방향을 제시받는 정말 귀한 시간입니다. 철야기도를 강조하고 훈련시키는 삼일교회의 교인임이 너무나 자랑스럽습니다. (5진 12팀 최현경 간사)

2005년 어느 봄날, 꼭 한 번 나와 보라는 리더의 권유로 드리게 되었던 첫 철야기도. 밤새워 기도했던 그때의 눈물과 감격을 잊을 수가 없습니다. 2부(4시)까지 드리지 않을 수 없게 만드는 철야의 묘한 매력에 빠져들면 쉽게 헤어 나올 수 없어요! (16진 13팀 오나나 간사)

바빠서 기도하지 못했던 많은 기도제목들을 철야를 통해 깊이 기도할 수 있으니 참 다행이에요. 나를 위해서뿐 아니라 나라와 교회, 가정을 위해 뜨겁게 기도할 때, 나의 작은 기도도 쓰임 받을 수 있어서 늘 감사하답니다. (5진 7팀 김동규 간사)

늦은 밤을 기도로 깨울 수 있는 철야! 하나님과 일대일로 깊이 만날 수 있는 절호의 기회. 기도하는 가운데 성령의 충만한 임재를 체험할 수 있습니다. (5진 5팀 김경애 간사)

한 주를 마무리하는 금요일. 예수님이 하신 것처럼 밤이 새도록 기도하며, 깊이 있게 하나님을 만날 수 있는 최고의 시간이 바로 철야예배입니다. (16진 11팀 강현종 간사)

한 주간의 모든 긴장을 주님 앞에 내려놓고 깊이 있게 주님을 만나는 시간입니다. 주님 품이 그리울 때 가장 기다려지는 시간이죠. (5진 4팀 김성희 리더)

회사생활에 쫓겨 기도하지 못할 때라도, 금요철야에서는 지치고 상한 맘을 내려놓고 맘껏 부르짖을 수 있습니다. (3진 11팀 오훈열 간사)

금요철야는 하나님과 만나 깊이 대화할 수 있는 시간입니다. 무엇보다 장시간 기도에 집중하며, 자기 의가 깨지는 시간이기도 합니다. (5진 8팀 남부기 간사)

2시간 반 동안 단 한 순간도 긴장을 늦출 수 없다. 그분을 만나기 위한 절체절명의 몸부림! 눈물과 콧물의 대향연! 매주 금요일 11시 삼일교회 금요철야 부르짖음 클럽. 늦으시면 2시, 철야 2부 입장도 가능해요. 그 감동의 도가니탕에 여러분을 초대합니다. (4진 10팀 김진선 간사)

철야기도는 과거의 회한과 현재의 문제와 미래의 비전을 놓고 하나님과 고민하고, 때로는 하나님께 떼를 쓰는 내 삶 속의 얍복 나루터와 같은 시간입니다. 철야기도는 나의 영적인 환도 뼈가 부러지고, 오로지 하나님의 축복을 구하는 시간입니다. (5진 6팀 이원준 간사)

바닥까지 내려가 일어날 힘조차 없을 때 철야를 통해 마음껏 울부짖으면서, 나보다 더 아파하시는 하나님의 마음과 위로하심을 느낄 수 있었습니다. (5진 8팀 허미연 자매)

금요철야에는 특별한 은혜가 있습니다. 조용히 묵상할 수 있는 새벽기도도 좋지만, 뜨겁게 큰소리로 기도하고 찬양하며, 열정적으로 선포되는 말씀을 듣는 철야 시간이 참 좋습니다. 군생활 중 가장 그리웠던 게 바로 금요철야였지요. 그래서 휴가 나올 때도 금요일을 꼭 포함시켰답니다. (찬양팀 신창조)

하나님 아버지를 깊이 만나려면 내 심정을 완전히 토로해야 하는데 짧은 시간으로는 부족합니다. 그래서 전 금요철야를 기다립니다. 깊은 기도, 충분한 기도가 있은 뒤에야 비로소 영혼의 회복이 있으며, 하나님 아버지를 좀더 알아가는 것 같아요. 하나님과의 가슴 뛰는 만남의 시간, 이번 주도 기다려집니다. (5진 4팀 김은사 간사)

금요철야에서는 한주간의 삶을 되돌아볼 뿐 아니라 기도로 주일을 준비하게 됩니다. 일상에서 부족한 기도를 이 시간을 통해 풍성히 채울 수 있어 너무 좋아요. (14진 1팀 김유진 간사)

금요일은 늦게까지 야근하고 스트레스도 가장 많이 받는 날이었는데, 언제부터인가 퇴근 후 철야기도회로 발길이 향하면서 한 주간의 지친 몸과 마음이 회복되는 가장 기다려지는 날이 되었습니다. (원조희 집사)

직장 생활하면서 금요일이 가장 기다려지는 날입니다. 팀원들과 함께하는 철야 예배의 은혜가 너무 소중하기 때문이지요. 야근과 회식으로 피곤한 날이라도 전 택시를 잡아타고 달려옵니다. 철야의 시간을 함께하고 나면 다시금 하나님 은혜로 회복됩니다. (5진 11팀 황상필 간사)

철야예배를 인도하시는 목사님들이 제시해주시는 기도제목들은 아주 세밀하면서도 스케일이 큽니다. 그에 따라 기도하다보면 기도의 지경이 넓어지고, 다른 사람을 더 잘 섬기게 되는 자리까지 나아가게 됩니다. (13진 7팀 김현태 간사)

삼일교회 부흥의 엔진, 철야기도

기도에 목숨을 걸라

최대복 지음 | 전병욱 추천

좋은씨앗

〈좋은씨앗〉은 하나님의 말씀입니다.
이 말씀이 좋은 마음밭에 떨어져 하나님의 나라가 확장되고, 예수 그리스도를 본받아 그 향기를 품은 성령의 사람들이 세상에 넘쳐나길 기대합니다. 그래서 백 배, 육십 배, 삼십 배의 결실을 맺기를 소망합니다.
〈좋은씨앗〉은 이와 같은 소망과 기대를 품고 출판 사역으로 하나님께 쓰임 받기를 기도합니다.

기도에 목숨을 걸라

지은이 최대복

초판 1쇄 발행 | 2009년 5월 1일
초판 5쇄 발행 | 2010년 5월 28일

펴낸이 신은철
펴낸곳 도서출판 좋은씨앗
　　　　 1999.12.21 등록 / 제4-385호
　　　　 137-130 서울시 서초구 양재동 2-30번지, 덕성빌딩 4층
전화 02) 2057-3043 (편집부) / 02) 2057-3041 (영업부)
팩스 02) 2057-3042
홈페이지 www.gsbooks.org
이메일 sec0117@empal.com

ⓒ 좋은씨앗, 2009

ISBN 978-89-5874-134-3 03230
Printed in Korea

밤새워 부르짖는 자에게 허락하시는 부흥의 불꽃

차례

추천의 글 기도로 부흥하는 교회 _ 전병욱 목사

들어가는 글 기도의 향연을 마음껏 누리라

Part 1 기도를 잃어버린 우리

1장 | 왜 기도하지 않는가 • 20

2장 | 기도에 목숨을 걸 때 허락되는 유익 • 38

3장 | 무엇을 위해 기도하는가 • 58

Part 2 응답하시는 하나님께 기도하라

4장 | 간절한 기도로 기적을 맛본 사람들 • 80

5장 | 응답 받기 원한다면 이렇게 기도하라 • 104

CONTENTS

Part 3 삼일교회 철야 부흥기

6장 | 금요일 밤 11시, 부흥은 시작된다 • 138
7장 | 삼일교회 철야기도 현장 스케치 • 164

Part 4 철야기도, 이렇게 인도하라

8장 | 철야기도의 은혜를 배가시키라 • 176
9장 | 양들을 기도의 자리로 인도하라 • 200
10장 | 철야기도 인도자 매뉴얼 • 214

나가는 글　기도의 불꽃을 다시 지펴라

| 추천의 글 |

기도로 부흥하는 교회

_삼일교회 전병욱 목사

지금도 많은 외부 성도들과 사역자들이 삼일교회에 대해 자주 던지는 질문이 하나 있다. "삼일교회 부흥의 원동력은 무엇입니까? 어떻게 20여 명 남짓의 청년들이 1만 명이 넘게 부흥할 수 있었습니까?" 나는 이 질문을 받을 때마다 자신 있게 이렇게 대답한다.

"삼일교회는 기도로 부흥한 교회입니다!"

이 기도의 힘과 능력이 지금의 삼일교회를 있게 했고 앞으로도 삼일교회를 이끌어 갈 것을 확신한다.

특별히 삼일교회는 초창기 때부터 지금까지 한 번도 빠뜨리지 않고 금요일 밤 11시부터 그 다음날 4시까지 밤을 지새우며 철야기도를 해 왔다. 지금도 어김없이 금요일 밤 11시가 되면 2천여 명의 성도들이 한 자리에 모여 나라와 민족을 위해, 교회를 위해, 개인의 문제를 놓고 밤을 꼬박 지새우며 기도한다.

기도에 목숨을 걸라

삼일교회는 국내단기선교를 여름, 겨울에 여러 차례 떠나는데 어느 팀도 예외 없이 금요일 밤이면 교회로 복귀한다. 선교대원들은 몸이 아무리 피곤해도 집으로 가지 않고 금요 철야기도회에 참석해서 기도로 선교를 마무리하는 것을 원칙으로 하고 있다. 그 정도로 삼일교회 성도들은 철야기도하기를 사모하고 중요시 하고 있다.

겟세마네 동산에서 주님께서 제자들에게 하신 말씀이 무엇이었는가? "제자들에게 오사 그 자는 것을 보시고 베드로에게 말씀하시되 너희가 나와 함께 한 시간도 이렇게 깨어 있을 수 없더냐?"(마 26:40)라는 말씀이었다. 우리 성도들이 극심한 환란과 시험과 고난이 닥쳐올 때 이겨내는 방법이 무엇이라고 하신 것인가? 한 시간 이상 충분히 기도하면 된다는 것이다. 겟세마네 동산에서 주님은 그렇게 밤새워 기도하신 후 이렇게 외치며 자리를 박차고 일어나셨다. "일어나라 함께 가자 보라 나를 파는 자가 가까이 왔느니라"(마 26:46). 주님은 밤새워 기도함을 통해 십자가의 극심한 고통과 두려움을 이길 힘과 용기를 얻으셨던 것이다.

그래서 나는 흘러넘치는 기도, 충분한 기도를 드리는 이 '철야기도'야말로 영적인 용광로라고 감히 말하고 싶다. 용광로가 모든 것을 녹여 버리듯이 철야기도야말로 우리에게 있는 고난, 슬픔, 두려움, 질병, 상처를 한꺼번에 녹여버리는 능력이 된다. 이 철야기도의 능력을 알기에 지금도 삼일교회 성도들은 삶의 산재한 문제들과 고난, 염려와 걱정거리를 안고 철야기도회에 나아와서 주님께 모든 것을 쏟아 놓는다. 그리고 주님이 주시는 한없는 위로와 능력을 받고 기쁨으로 예배당 문을 나선다.

내가 대학에 다니던 80년대까지만 해도 많은 교회들이 금요일 밤이면 모여서 밤을 지새우며 기도했던 기억이 있다. 지금은 어떠한가? 한국 거의 대부분의 교회가 철야기도를 하지 않고 있다. 그 때문인지 지금 교회마다 오래 기도할 줄 모르는 성도, 기도의 능력이 무엇인지 경험해 보지 못한 성도들로 가득 차 있다.

이런 시점에서 최대복 목사님의 철야기도에 관한 귀한 책이 출간되어 얼마나 기쁘고 다행스럽게 생각하는지 모른다. 이 책에는 삼일교회 부흥의 엔진인 철야기도에 대해서 너무나 생생하게 묘사되어 있다. 마치 철야의 현장에 앉아 있는 느낌이 든다. 새벽기도에 대한 책은 많으나 철야기도에 대한 책으로는 최초가 아닌가 싶다. 이 책에 실려 있는 삼일교회 성도들의 철야기도의 모습을 통해 오랫동안 잊혀져 왔던 우리 믿음의 선조들이 물려준 소중한 전통인 철야기도회가 부활하기를 바라고, 이 책을 읽는 성도들의 가슴마다 밤새워 기도하고자 하는 열망이 활화산처럼 타오르기를 간절히 소망한다.

밤새워 기도해보라. 모든 환란과 시험이 녹아내릴 것이다.
밤새워 기도해보라. 부흥의 길이 보일 것이다.
밤새워 기도해보라. 원수라도 화목하게 될 것이다.
밤새워 기도해보라. 십자가를 질 수 있는 능력을 받게 될 것이다.

기도에 목숨을 걸라

| 들어가는 글 |

기도의 향연을
마음껏 누리라

우리가 살고 있는 시대는 초고속 인터넷 시대다. 삶의 전반적인 부분에서 인터넷이 차지하는 비중은 무시하지 못할 정도가 되었다. 내가 서 있는 목회현장 역시 마찬가지다. 인터넷 서핑을 하다보면 시간 가는 줄 모른다. 한두 시간이 어느새 흘러버린다. 그러나 나는 요즘 인터넷을 하면서 회개하고 있다. 기도하는 것은 한 시간도 지겨워하면서 인터넷은 시간가는 줄 모르고 즐기고 있기 때문이다. 나는 이렇게 기도한다.

"기도가 내게 인터넷보다 더욱 큰 즐거움이 되게 하옵소서."

학교와 직장에서 저녁 늦게 귀가하는 현대인들에게 따로 기도할 시간을 낸다는 것은 참 어려운 일이다. 그러나 한 가지 희망적인 것은 주 5일 근무제로 토요일에 출근하지 않는 직장인이 많아졌다는 사실이다. 나는 이것을 하나님께서 교회와 성도들에게 주신 기회라고 생각한다.

성도들이 금요철야기도를 마음 놓고 할 수 있기 때문이다. 주 5일 근무제가 시행되기 전만 해도 금요철야는 직장인들에게 너무나 큰 부담이었다. 많은 교회들이 철야기도회를 심야기도회로 바꾼 것도 그 때문인지 모른다. 하지만 일주일 동안 따로 기도할 시간이 없어서 기도에 굶주리고 갈급한 성도들에게 금요철야기도회는 메마른 사막에 오아시스와 같다고 할 수 있다. 성도들은 밤새워 마음껏 부르짖고 기도할 수 있다는 것만으로도 영혼의 안식과 기쁨을 얻게 된다.

오래 전 어느 교회에 다니는 집사님이 쓰신 책을 보니까 그분은 직장 생활하면서도 매일 6-7시간씩 기도한다고 하셨다. 나는 그것을 보고 "어떻게 직장생활하면서 그렇게 기도할 수 있을까?" 하고 놀라움에 입을 다물지 못했다. 아마 보통 사람들이 그렇게 기도하다간 제 명에 살지 못하고 주님 곁으로 갔을지도 모르는 일이다. 하지만 매일은 그렇게 기도하지 못해도 그렇게 기도할 수 있는 날이 하루 있다. 그 날이 바로 금요철야기도회의 날이다. 삼일교회 성도들은 실제로 매주 금요일 밤 11시부터 다음날 새벽 4시까지 기도하고 있다.

삼일교회는 분명 좋은 교회지만 모든 사람들이 흠모하고 부러워할 정도의 이상적인 교회는 아니다. 그러나 굳이 한 가지 내세울 것이 있다면 모든 성도들이 기도의 자리를 소중히 여기고, 교회의 주요 행사에 앞서 기도하는 전통이 있다는 것이다. 여름, 겨울 선교 전에는 한 달 간의 특별기도회가 있고, 예람제와 같은 전도 집회가 있을 경우에도 마찬가지다. 이렇게 매사에 하나님께 엎드려 하나님의 자비와 긍휼을 구하는 삼일교회 성도들을 주님께서 어여삐 여기셔서 큰 부흥을 주시고 사용하시는 것 같다.

특히 전병욱 목사님이 삼일교회 담임목사로 부임한 초창기부터 금요일 밤 11시부터 새벽 4시까지 진행되는 철야기도가 변함없이 이어져 오고 있다. 이 철야기도회를 통해 수많은 성도들이 기도응답을 받고, 삶의 좌절과 절망에서 다시 일어나고, 영혼들을 살리고, 하나님이 원하시는 기도의 용사로 거듭나고 있다. 특별히 금요일은 교회의 본격적인 사역이 시작되는 토요일과 주일을 준비하는 날이라 그 중요성이 더 크다. 금요철야를 통해 자신이 맡은 영혼들을 놓고 밤새워 기도하는데 하나님께서 그 영혼을 변화시켜 주시고 부흥을 주시지 않겠는가?

이렇게 마음껏 기도하고 부르짖을 수 있는 철야기도의 장이 있다는 것만으로 너무 감사하고 행복하다. 부디 이 부족한 책자를 통해 교회마다 밤새워 기도하는 철야의 불꽃이 다시 일어나길 바라고, 이 기도의 불꽃으로 말미암아 한국교회에 다시 부흥의 새바람이 불기 바란다.

(1부)

기도를
잃어버린 우리

chapter 01
왜 기도하지 않는가

성도들이 피곤함과 분주함을 뛰어넘어 규모 있고 질서 있는 삶, 균형 잡힌 삶을 살기 위한 최고의 처방전이 무엇이라는 말인가? 바로 '흘러넘치는 기도, 충분한 기도를 드리는 것'이다.

- 분주한 세상에서 지친 성도들
- 철야기도 모델 교회의 부재
- 기도에 대한 오해가 만든 장벽
- 목회자의 철야기도 경험 부족
- 밤 문화의 영향

분주한 세상에서
지친 성도들

현대인들의 특징을 한 마디로 묘사하면 '피곤함과 분주함'이다. 시간은 한정되어 있는데 배워야 할 것, 해야 할 일은 시간이 흐를수록 더 많아지기 때문이다. 주 5일 근무제로 이전에 비해 더 많은 여가시간을 갖게 되었고 더 여유로워 진 것 같으나 실상은 그렇지 않다는 목소리도 크다. 왜냐하면 직장인들의 주중 근무시간이 이전보다 더 길어졌고, 일의 강도도 높아졌으며, 야근하는 직장인들도 부쩍 많아졌고, 심지어 주일에 출근해야 하는 경우도 꽤 많아졌기 때문이다.

그렇다고 퇴근 후나 주말이라고 마음 놓고 쉴 수도 없는 노릇이다. 치열한 경쟁 속에서 살아남기 위해서는 어학 공부를 위해 학원에 다녀야 하고, 자격증을 따기 위해 계속 공부해야 한다. 일류대학 졸업장이 대기업 취업을 보장해주던 시대는 이미 오래 전에 지났다. 이제는 각종 능력을 갖추어야 겨우 살아남을까 말까 하는 치열한 생존경쟁의 시대가 되었다. 아무리 좋은 신기술을 익혀도 불과 2-3년이면 낡은 지식이 되어버리기 때문에 끊임없이 새로운 능력과 기술로 자신을 재무장해야 한다.

이처럼 자신의 성장을 위한 투자를 한시도 게을리 해서는 안 되는 현실이 되었다. 이런 현실 속에서 간만에 여유가 생기면 많은 직장인들의 마음에는 피곤을 달래기 위해 가족들과 함께 금요일 저녁에 여행을 떠나거나 집에서 조금이라도 편히 쉬고 싶은 욕구가 가득하다. 한 여론조사 결과에 따르면 "만일 한 시간이 당신에게 주어진다면 무엇을 최우선으로 할 것인가?"라는 질문에 응답자의 대다수가 "잠을 자겠다"고 대답했다고 한다. 그만큼 많은 사람들이 피곤에 찌들어 있는 것이다. 성도들이라고 예외가 아니다.

이러한 피곤함과 분주함은 성도들로 하여금 철야기도의 자리에 나오지 못하게 가로막는 요인이 되고 있고, 목회자로 하여금 철야기도에 대한 자신감을 잃게 한다. 많은 목회자들이 금요일 저녁 늦게 퇴근하는 성도들을 보고 철야기도에 나오라고 감히 말하기가 미안한 것이다.

하지만 과연 그런 피곤함과 분주함이 기도생활을 게을리 해도 될 만큼 큰 장애물인가 한번 생각해 보자. 사람들은 자신이 중요하다고 생각하고, 꼭 해야만 하는 일이라고 생각하면 어떻게든지 하고야 마는 습성이 있다. 예들 들어 대학을 준비하는 고3 수험생들, 회사에서 중요한 프로젝트를 맡은 직장인들, 생계를 위해 밤에 장사하는 사람들…. 그들은 아무리 피곤해도 며칠 밤을 꼬박 지새우기도 하고, 새우잠을 자면서까지 원하는 목표 달성을 위해 고군분투한다.

그렇다면 성도들이 일주일에 한 번씩 하나님 앞에 나아가 밤새워 기도하는 것이 세상의 다른 어떤 활동보다 중요하지 않다고 누가 말할 수 있겠는가? 어쩌면 성도들이 피곤하고 바빠서 기도할 시간이 없다고 말하는 것은 핑계일지도 모른다. 기도를 못하는 이유가 피곤하고 바빠서 이기 보다는 자신의 삶에서 기도가 차지하는 비중이 별로 크지 않기 때문이 아닐까? 자신이 정말 중요하다고 생각하는 다른 일들은 아무리 바빠도 하면서 기도의 자리는 바쁘고 피곤하다고 지키지 못한다는 것은 말이 안 된다.

인류 역사에 위대한 업적을 남긴 사람들은 한가롭고 시간이 많은 사람들이 아니라 대부분 바쁘게 돌아가는 삶을 산 사람들이었다. 예를 들어 벤자민 프랭크린(1706-1790)은 미국의 정치가였다. 그는 국회의원으로만 활동한 것이 아니라 외교관, 과학자, 저술가로도 왕성하게 활동했다. 그리고 블레이즈 파스칼(1623-1662)은 철학자였을 뿐만 아니라 수학자, 물리학자로서도 많은 업적을 남겼다. 자신의 전공분야에서만 활동하는 것으로도 벅찼을 텐데 이들이 다른 분야에서도 탁월한 지식과 혜안을 가지고 있었다는 것이 놀랍기만 하다. 우리는 그들에 비해 많은 시간과 기회가 주어져 있음에도 불구하고 이렇다 할 업적은 고사하고, 자신의 몸도 제대로 추스르지 못하고 있는데 말이다. 이것만 보더라도 바쁘다는 것은 게으른 사람의 변명일 뿐 오히려 바쁜 사람이 더 큰 일들을 이루어 내는 것을 알 수 있다.

내가 경험한 바에도 교회에서 소위 '백수'들에게 일을 맡기면 시간이 많아서 일을 잘할 것 같지만 실상은 그렇지 않다. 오히려 많은 시간이 그 사람으로 하여금 나태하게 하고, 생각의 게으름을 가져와 일을 잘 이루어 내지 못하는 경우를 종종 보게 된다. 오히려 바쁘고 분주해 보이는 사람에게 일을 맡기면 훌륭한 작품을 만들어 낸다. 그런 성도들을 보면 "나는 너무 바빠서 하루에 세 시간 기도한다"는 마틴 루터의 고백이 무슨 말인지 알 것 같다. 그래서 삼일교회에서 회자하는 말이 있다. "바쁜 사람에게 일 하나 더 맡기라." 또 이런 명언이 있다. "기도가 없으면 활동은 많으나 열매는 없고, 예배는 많으나 회심은 적다."

많은 시간을 책상 앞에 앉아 있고 바쁘게 여기저기 뛰어다닌다고 해서 반드시 일의 능률이 오르거나 더 많은 열매를 거두는 것은 아니다. 중요한 것은 많은 시간이 아니라 적은 시간에 얼마나 집중력을 가지고 효율적으로 그 일을 하느냐다. 나도 종종 하나님께 밤새워 기도한 후에 일을 진행하면 하나님께서 놀라운 집중력을 주셔서 적은 시간 내에 가장 효율적으로 많은 것들을 이루어 내곤 한다. 우리 예수님께서도 이것을 아셨기에 세상 어느 누구보다도 할 일이 많으셨고 바쁘셨지만 기도할 시간만큼은 양보하지 않으셨다. 기도의 능력으로 그 많은 사역들을 능히 감당하시고 마음의 여유로움과 평정을 잃지 않으신 것이다.

성도들이 피곤함과 분주함을 뛰어넘어 규모 있고 질서 있는 삶, 균형 잡힌 삶을 살기 위한 최고의 처방전은 무엇일까? 바로 '흘러넘치는 기도, 충분한 기도를 드리는 것' 이다. 사실 예수님만큼 바쁜 삶을 사신 분도 없을 것이다. 그런데 바쁜 일상 가운데서도 예수님이 놓치지 않는 끈이 하나 있었는데 바로 기도의 끈이다. 예수님은 새벽 오히려 미명에 일어나 기도하셨고, 밤이 새도록 기도하셨다. 바쁠수록 충분히 기도하신 것이다. 이 넘치는 기도의 삶이 바로 예수님의 능력과 승리의 비결이었다. 우리가 만일 예수님처럼 충분히 기도하지 않는다면 삶의 우선순위를 잊어버릴 것이다. 그리고 결국 비생산적이고 헛된 일에 우리의 힘을 탕진해 버릴 것이고, 각종 시험과 환란이 끊이지 않는 인생으로 전락하고 말 것이다.

  내가 진 기도회(진이란? 1000명 단위의 삼일교회 조직, 삼일교회는 16개의 진이 있다)를 인도할 때마다 강조하는 말이 있다. "기도의 부재가 모든 것의 부재다." 기도 한 번 제대로 안 해보고 "힘들다, 죽겠다, 못하겠다, 지쳤다, 부흥이 안 된다"라고 말하지 말라. 예수님처럼 밤이 새도록 겟세마네의 기도를 드려 보라. 하나님께서 밤새워 부르짖는 자녀들의 소원을 들어 주겠다고 약속하지 않으셨는가? "하물며 하나님께서 그 밤낮 부르짖는 택하신 자들의 원한을 풀어 주지 아니하시겠느냐 그들에게 오래 참으시겠느냐"(눅 18:7).

  삼일교회 성도들은 매주 금요일마다 변함없이 밤새워 기도한다. 철야기도를 통해 많은 성도들은 바쁨을 여유로움으로, 피곤함을 강건함으로 바꾸어 주시는 하나님의 능력을 체험하곤 한다. 우리가 기도하지 않으면 열 시간을 한 시간처럼 사용하게 될 것이고, 기도하면 한 시간을 열 시간처럼 사용하게 될 것이다.

  "오직 여호와를 앙망하는 자는 새 힘을 얻으리니 독수리의 날개 치며 올라감 같을 것이요 달음박질하여도 곤비하지 아니하겠고 걸어가도 피곤하지 아니 하리로다"(사 40:31).

철야기도
모델 교회의 부재

　한국교회 초창기에도 매주 금요일 밤 12시부터 드리는 철야기도가 있었다. 말 그대로 금요일 저녁부터 그 다음날 새벽까지 이어지는 기도의 모임이었다. 심지어 다음날 새벽기도가 끝나야 철야기도가 종료되는 교회도 있었다. 그것도 의자에 앉아서 편하게 기도한 것이 아니라 대부분의 시간을 딱딱한 마룻바닥에 무릎을 꿇고 기도했다. 추운 겨울, 차가운 마룻바닥에 앉아 밤새워 기도하던 신앙의 선배들이 있었기에 1천만 이상의 성도를 가진 지금의 한국교회가 존재하게 된 것 아닐까? 그 시절 철야를 마친 성도들의 얼굴은 피곤에 찌든 모습이 아니라 성령 충만하여 기쁨이 넘쳐흘렀고, 목이 쉬어 가라앉은 목소리조차 은혜롭게 들렸다. 교회에서 남녀를 무론하고 목소리가 걸걸하면 기도 많이 하는 사람으로 통했던 그 시절이 그립다. 눈물, 콧물을 흘리며 온 밤을 지새워 기도하면서 주님과의 깊은 만남을 체험했던 그때야말로 한국교회 부흥의 황금기 아니었을까?

　금요일은 바로 예수님께서 십자가에 못 박히신 성금요일이다. 초대교회 때는 이 날에 예수님의 죽으심과 죄에서 구속하신 은혜를 감사하고 기리는 뜻에서 '철야'로 모였다고 한다. 구원의 감격과 십자가 구속의 은혜를 잊어버리고 사는 오늘날 많은 성도들에게 믿음의 조상들이 물려준 금요 철야기도의 전통을 이어받는 것이 필요하다. 하지만 최근에는 이러한 전통을 잊어버리고 사람들의 편의를 생각해서 시간을 조금씩 앞당기거나, 아예 철야기도 자체를 하지 않는 교회가 생겨났다. 대부분의 교회에서 '금요철야기도회'를 '심야기도회' (밤 9시부터 11시까지 혹은 10시부터 12시까지)로 대체하고 있다. 주 5일 근무제로 인해 이전에 비해 토요일에 쉬는 성도들이 더 많은데도 말이다.

이렇게 대부분의 교회가 철야기도를 하지 않는 실정이다 보니 몇몇 교회들이 철야에 대한 사모함을 가지고 막상 철야기도를 시작하려고 해도 무엇을 어떻게 시작하고 진행해야 할지 모르는 것 같다. 한 마디로 따라갈 철야기도의 모델이 없다는 것이다.

삼일교회 철야기도에는 타 교인들도 많이 참석한다. 그들 중에는 청년들보다 과거에 철야기도의 은혜를 경험했던 장년들이 많은 것 같다. 그들에게 삼일교회 철야기도회에 참석하게 된 이유를 물어보면 우선은 본 교회에서 철야기도를 하지 않기 때문이고, 과거 철야기도의 은혜를 잊지 못해서라고 한다. 이처럼 과거 철야기도의 영광을 경험했던 성도들은 아직도 철야를 간절히 사모하고 있어서 교회에서 철야기도의 장만 마련하면 언제든지 달려 나올 준비가 되어 있다.

모든 일에 '선두'가 중요하다고 하지 않던가? 어떤 일을 처음 시작하고 시도하는 게 어렵지, 일단 길을 뚫어주고 모델의 역할을 잘 감당하기만 하면 많은 사람들이 그 뒤를 따라 오는 영광을 누리게 될 것이다. 그 한 예로 93, 94년만 해도 서울에서 청년들이 500명 이상 모이는 교회가 거의 없었다. 그때 삼일교회는 청년들이 5천 명이 모이는 교회를 꿈꾸고 있었다. 그 당시만 해도 삼일교회 청년 숫자는 100여 명에 불과했다. 그런데 지금 그 꿈이 어떻게 되었는가? 청년들이 5천여 명이 아니라 1만여 명이 모이는 교회로 성장했고, 청년들이 500명 이상 모이는 교회가 우후죽순처럼 생겨나고 있다.

특별새벽기도도 마찬가지다. 94년 12월, 내가 삼일교회에 처음 왔을 때만 해도 새벽기도 참석인원이 20명을 넘지 못했다. 그러다가 1998년에 담임 목사님이 미국 남가주 사랑의교회 집회에 갔다가 그 교회의 특별새벽기도를 보고 큰 도전을 받으셨다. 목사님은 귀국하자마자 삼일교회에 '특별새벽기도(특새)'를 선포하셨고, 지금까지 그것이 삼일교회의 좋은 전통으로 자리매김하고 있다. 지난 겨울 특별새벽기도회 때는 4천여 명의 성도들이 매일 새벽을 깨웠다. 삼일교회의 이러한 청년부흥의 열기가 지금 한국교회 전체에 번지고 있는 것을 보게 된다. 이렇게 모든 일에 있어서 선두의 출발이 중요하다. 지금이라도 늦지 않았다. 소수의 교회, 소수의 성도라도 좋으니 흘러넘치는 기도의 필요성과 중요성을 깨달아 철야기도를 시작하고, 그 받은 은혜와 노하우를 주위 교회 성도들과 나눈다면 다시 한 번 한국 교회에 철야기도의 불길이 타오르게 될 줄 믿는다.

기도에 목숨을 걸라

기도에 대한 오해가
만든 장벽

많은 성도들, 특히 초신자나 영적으로 미숙한 성도들에게 기도시간이란 기다려지는 시간이라기 보다는 힘들고 지루한 시간으로 인식되어 있다. 하물며 그들이 밤새워 기도한다는 것은 상상도 못할 일이다. 그들에게 있어서 기도란 사랑하는 하나님 아버지와의 대화라기보다는 '율법이요 의무' 라는 생각이 더 지배적인 것 같다.

많은 양떼를 이끄는 간사나 리더들에게 한 시간 양들에게 전화하라고 하면 그리 어렵지 않게 한다. 차타고 한두 시간 걸려서 누구 심방하고 오라고 하면 어렵지 않게 만나고 온다. 그러나 한두 시간 쉬지 않고 기도하라고 하면 그렇게 힘들어한다. 문제는 여기에 있다. 전화도 중요하고 심방도 중요하지만 기도에 더 집중하고 기도에 시간을 더 할애해야만 하나님의 부흥의 역사를 체험할 수 있다.

오랫동안 신앙생활을 해 온 성도라고 할지라도 기도에 대한 부담감은 마찬가지다. 오늘날 성도들이 찬양집회나 말씀 세미나에는 별 부담 없이 많이들 참석하는 것 같은데, 새벽기도, 철야기도 같은 기도모임은 별로 인기가 없고 그런 기도모임에 참석하자고 권유하면 선뜻 나서지 못한다.

그러나 실제로 평생 기도의 삶을 살아 오신 우리 부모님이나 믿음의 선배들을 만나 보면 기도에 대한 우리의 편견이 얼마나 잘못된 것인지 알 수 있다. 그들에게 있어서 기도시간이야말로 가장 즐겁고 귀한 시간이었다. 그분들에게 기도의 시간이 즐겁고 귀하지 않다면 비가 오나 눈이 오나 그렇게 한결같이 기도의 자리를 지킬 수 없었을 것이다.

마태복음 6장 6절에 보면 이런 말씀이 있다. "너는 기도할 때에 네 골방에 들어가 문을 닫고 은밀한 중에 계신 네 아버지께 기도하라 은밀한 중에 보시는 네 아버지께서 갚으시리라." 왜 하나님께서 "골방에서 단 둘이서 보자"고 하시는가? 하나님께서 나를 가장 사랑하는 대상으로 생각하고 계시기 때문이다. 하나님께서 우리에게 "따로 보자!"고 말씀 하시는 것은 우리가 다른 사람이나 일에 우리의 마음을 빼앗기지 않고 하나님께만 집중하기 원하신다는 뜻이다. 하나님께서 우리의 사랑을 독차지하기를 원하시기 때문에 골방에서 만나자고 하시는 것이다. 하나님은 우리와 일대일로 독대함을 통해서 그 사랑의 선물을 직접 전달하기 원하신다. 이것이 기도다. 그러므로 기도라는 것은 인간이 만든 것이 아니고 하나님이 고안해낸 '사랑의 밀실' 이다. 하나님께서는 골방에서 기도하는 우리에게 자신의 사랑을 마음껏 보여주기 원하신다. 우리가 "하나님 아버지!"라고 부르면 벌써 하나님은 우리 옆에 와 계신다. 우리를 만나주신다.

갓난아기의 엄마는 아기를 하루 종일 쳐다봐도 싫증을 안 느낀다. 보고만 있어도 입가에 미소가 번진다. 왜 그런가? 너무 사랑스럽기 때문이다. 아기를 보는 엄마처럼 하나님께서도 우리를 보면서 기쁨을 이기지 못하신다. 이것을 아는 자만이 "내 기도하는 그 시간 그때가 가장 즐겁다"라고 고백할 수 있다.

사람들에게 "인생을 살면서 가장 행복했을 때가 언제였는가?" 물어보면 대부분 사랑하는 사람과 함께했던 '연애시절'이라고 한다. 그런데 그 연애를 다른 사람에게 맡기는 사람이 있는가? 없다. 우리는 자기가 제일 좋아하는 것은 남에게 절대로 양보하지 않는다. 기도가 어떤 것인가? 하나님과 사랑에 빠지는 시간이다. 그런데 그 일을 남에게 모두 맡겨버리는 사람이 있다. 가끔 성도들 중에 "저를 위해 기도해 주세요!"라면서 자기는 전혀 기도하지 않는 사람이 있다. 그 좋은 행복과 기쁨을 왜 남에게 빼앗기는가? 다른 사람이 기도해 주는 것도 중요하지만 내가 직접 기도해야 한다. 하나님의 사랑을 독차지하겠다는 생각으로 기도의 자리로 달려 나가야 한다.

목회자들은 성도들이 갖고 있는 기도에 대한 편견과 잘못된 생각을 깨뜨려 주어야 한다. 목회자들은 말씀을 통해 성도들에게 기도에 대한 올바른 시각을 심어 주고, 실제적인 기도훈련을 시키고, 기도응답의 체험이 있는 성도들의 간증을 통해 기도의 능력을 느끼게 해 주어야 할 의무가 있다. 성도들의 마음속에 '기도는 의무감이나 부담감 때문에 억지로 하는 것이 아니라, 사랑하는 하나님 아버지와의 달콤한 대화'라는 생각을 심어 주어야 한다. 어떤 사람이 훌륭한 영적 지도자인가? 자신이 먼저 기도하고, 성도들도 기도하게 만드는 자가 훌륭한 영적 지도자이다. 자신이 먼저 기도의 본을 보이고, 성도들에게 기도할 수 있는 장을 마련해 주고, 기도의 자리로 초대하는 것이 영적 지도자의 가장 중요한 역할 가운데 하나이다.

기도하는 데 성도들이 자발성을 가지고 참여하는 것도 중요하겠지만, 인간 본성의 나태함과 게으름을 깨기 위해서 때로는 반 강제성을 띨 필요가 있다. 그래서 나는 진 기도회를 인도할 때 팀별로 참석자 명단을 게시판에 올리고, 한 달 동안의 팀별 출석수를 합산해서 시상한다. 출석률이 저조한 팀은 책망을 받는다. 그리고 지도자인 간사가 기도회에 결석하면 팀원들 세 명이 결석한 것으로 처리된다. 영적인 지도자는 싫으나 좋으나 양들을 기도의 자리에 나와서 기도하게끔 만들어야 한다. 당신이 성도들의 기억에 남는 영적 지도자가 되고 싶은가? 어떻게 해서든지 성도들로 하여금 기도하게끔 만들고, 기도의 참맛을 느끼게 해 주라. 반대로 성도들의 기억에서 사라지고 싶은 영적 지도자가 되고 싶은가? 그러면 성도들이 편한 대로 쉽게 내버려 두면 된다.

매주 화요일 아침 6시 50분이면 40분간 내가 속한 진이 기도회를 한다. 그때는 새벽기도회 때 미처 기도하지 못한 개인 기도제목이나 진 전체 기도제목을 놓고 기도한다. 선교나 교회의 큰 행사가 있을 때는 그것만을 놓고 집중적으로 기도하기도 한다. 나는 "기도하면 된다"는 모토를 내걸고 거의 한 주도 빠짐없이 기도회를 인도했다. 기도회를 인도하면서 바람이 하나 있었다면 진에 속한 지체들이 그 시간을 통해 하나님을 만나고 응답받는 체험을 하는 것이었다. 그리고 감사하게도 기도를 거듭할수록 놀라운 응답들이 계속 쏟아졌다. 내가 속한 진이 한 해에 캠퍼스 전도에서 1등, 체육대회에서 2등, 진별 찬양대회에서 3등을 하는 쾌거를 올렸다. 그리고 간사들 중에 세 명이 결혼을 했거나 결

▲ 진 새벽기도회 모습

혼을 앞두고 있고, 두 명이 어려운 논문심사에서 거뜬히 통과되었다.

나는 이 모든 것이 진 기도회를 통해 주신 하나님의 응답이라고 확신한다. 마지막 진 기도회 자리에서 나는 진 지체들에게 다시 한 번 과거 기도응답을 떠올리면서 "기도하면 된다"는 교훈을 붙잡도록 고별설교를 했다.

그러므로 각 교회에서 영적 지도자들이 해야 할 일이 있다면 바로 이런 기도의 모임들을 많이 만들어 성도들의 심령 속에 "기도하면 된다"는 확신과 자신감을 심어 주는 일이라 하겠다. 당신은 기도의 자리에 대한 사모함과 설렘이 있는가? 그리고 그 사모함과 설렘을 양들의 마음속 깊이 각인시켜 주고 있는가? 그렇다면 당신은 훌륭한 영적 지도자임이 틀림 없다.

목회자의
철야기도 경험 부족

이런 말이 있다. "목회자의 수준 이상으로 성도는 자라날 수 없다. 부흥을 맛본 자가 또 다른 부흥을 일으킬 수 있다." 마찬가지로 철야의 경험이 전혀 없는 지도자가 철야 기도를 인도하는 것은 그 자체가 두렵고 엄두가 나지 않는 일이다. 기도를 장시간 하는 것은 하루아침에 되는 일이 아니기 때문이다.

내가 아는 목사님이 이런 말씀을 하시는 것을 들었다. "새벽기도는 늘 해오던 거라 하겠는데 철야는 도저히 못하겠습니다. 난 아홉 시만 되면 자야 하는데 밤을 새워야 한다니 정말 힘듭니다. 성도들 중에는 저보고 철야기도 하자고 조르는 사람이 가끔 있지요. 그런데 내가 못하겠는데 어떻게 철야를 하겠습니까?"

삼일교회 전병욱 목사님은 이전에 있던 교회에서 동료 목사님과 단둘이서 몇 년 동안 금요일 밤 11시부터 그 다음날 새벽 4시까지 철야기도회를 인도한 경험이 있다고 했다. 그래서 지금도 철야기도회를 인도하는 것이 별로 어렵지 않다고 말씀한다. 나 또한 삼일교회에 와서 확실히 배운 것 가운데 하나가 철야기도 훈련이다. 그것은 어딜 가든지 계속할 것이고, 다른 사람들에 비해 별 어려움 없이 할 수 있을 것 같다.

삼일교회 출신 다른 부교역자들도 마찬가지일 것이다. 삼일교회를 통해 확실히 훈련받았기 때문이다.

그러므로 어떤 교회에서 철야기도를 처음 시작하고자 한다면 목회자가 먼저 철야기도의 훈련과 경험을 쌓아야 할 필요가 있다. 장시간 기도회를 인도할 수 있도록 체력, 찬양, 기도, 말씀의 측면에서 충분한 준비를 해둬야 한다. 목회자가 먼저 철야 기도자로 거듭나야 성도들을 철야의 자리로 이끌 수 있다. 그러므로 영적 지도자 한 사람의 중요성은 아무리 강조해도 지나치지 않다. 민족과 사회와 교회는 지도자가 가는 대로 움직여 간다. 이스라엘 민족에게 모세라는 걸출한 지도자가 있었기 때문에 200만 이스라엘 백성들이 40년 광야생활을 거쳐 가나안 땅에 들어갈 수 있었고, 사무엘이라는 선지자 한 사람 때문에 이스라엘에 수십 년 간 평화가 지속될 수 있었다. 어떤 조직이나 단체를 살리고 변화시키고 싶다면 먼저 지도자부터 변화되어야 한다.

삼일교회가 어떻게 청년 부흥, 철야의 부흥을 일으킬 수 있었는가? 전병욱 목사님의 처녀작인 「마른 뼈도 살아날 수 있다」에서 언급했듯이 예전 교회에서 이미 청년 부흥과 철야의 부흥을 맛본 경험이 있었기 때문이다. 그 경험이 그대로 삼일교회에 접목되었다고 말할 수 있다. 물론 모든 것이 하나님의 은혜이지만, 영적 지도자 한 사람의 영향력을 결코 간과할 수 없다. 지도자의 영적인 경험은 그만큼 중요하다.

"내가 너희에게 행한 것 같이 너희도 행하게 하려 하여 본을 보였노라"(요 13:15).

밤 문화의
영향

　세상 문화는 대부분 밤에 그 절정을 이룬다. 대부분의 사람들이 일주일 동안 쌓였던 스트레스를 풀기 위해 금요일 밤에 술을 마시고, 노래하고, 춤추면서 밤의 쾌락을 즐긴다. 그리고 금요일 밤이면 극장에는 심야영화를 보려는 사람들로 토요일 새벽까지 장사진을 이룬다. 청년들에게 오늘날 한국 사회의 밤 문화는 긍정적인 면보다 부정적인 면이 더 많다. 내 후배 녀석은 금요일 저녁에 비디오를 열편 정도 빌려 주일 저녁까지 그것을 다 본다고 했다. 어떤 친구는 인터넷 게임에 중독되어 금요일부터 며칠 밤을 꼬박 뜬 눈으로 지새우는 것도 봤다. 이처럼 젊은이들에게 있어서 금요일 밤은 가장 즐거운 오락과 휴식의 시간이요, 신성불가침의 시간과도 같다. 우리 크리스천 젊은이들이라고 예외는 아니다. 그들 역시 달콤하고 현란한 밤의 유혹 때문에 철야기도의 자리를 떠나게 되고, 결국 철야기도는 점점 사라져만 가는 것이 아닌가.
　하지만 진정한 안식과 쉼이 무엇인지 생각해 보자. 나는 교역자 수련회로 또 여행으로 몇몇 나라를 가 봤다. 그런데 아무리 좋은 곳에서 맛있는 것을 먹고, 쇼핑하고, 쉬고, 자유를 만끽해도 2~3일만 지나면 싫증이 난다. 왜 그런가? 영혼이 갈급하기 때문이다. 영적인 경건생활을 게을리 하기 때문이다. 이것만 봐도 우리 영혼은 육신이 잘 먹는다고, 좋은 집에서 산다고, 육신이 편하다고 결코 만족을 누리지 못한다는 것을 알 수 있다.

마찬가지로 젊은이들이 금요일 밤을 그렇게 흥청망청 맘대로 보낸다고 해서 진정한 기쁨이 있을까? 그렇게 술 마시고, 노래하고, 춤추고, 즐긴다고 해서 스트레스가 말끔히 해소되던가? 물론 잠시의 낙은 누릴 수 있을 것이다. 하지만 모든 것이 끝나고 집에 돌아가는 발걸음이 그리 가볍지만은 않다는 것을 경험해 본 사람은 다 알 것이다. 세상의 낙이라는 것이 다 그렇다.

오히려 일주일의 업무를 마치는 그 시간에 교회로 달려와 온 성도들과 함께 하나님을 찬양하고 기도하면서 밤을 지새워 보라. 그것이야말로 우리 젊음의 열정을 가장 아름답게 발산하는 방법이고, 미래를 가장 멋지게 준비하는 길이라고 확신한다. 그렇게 기도로 5일간의 일들을 마무리하고, 주말을 보낸다면 그야말로 주님이 주시는 황금 같은 주말의 안식을 만끽하게 될 것이다. 그러므로 철야기도야말로 일주일 업무의 마침표요, 즐거운 주말의 활력소요, 거룩한 주일을 준비하는 도약대다.

"파수꾼이 사자 같이 부르짖기를 주여 내가 낮에 늘 망대에 서 있었고 밤이 새도록 파수하는 곳에 있었더니"(사 21:8).

chapter 02
기도에 목숨을 걸 때
허락되는 유익

밤늦은 시간에 나라와 민족을 위해, 교회를 위해, 이웃을 위해 중보 기도할 수 있다는 것이 하나님 보시기에 얼마나 아름다운 일이며, 성도들 개인의 경건생활에 얼마나 유익이 되는지 모른다.

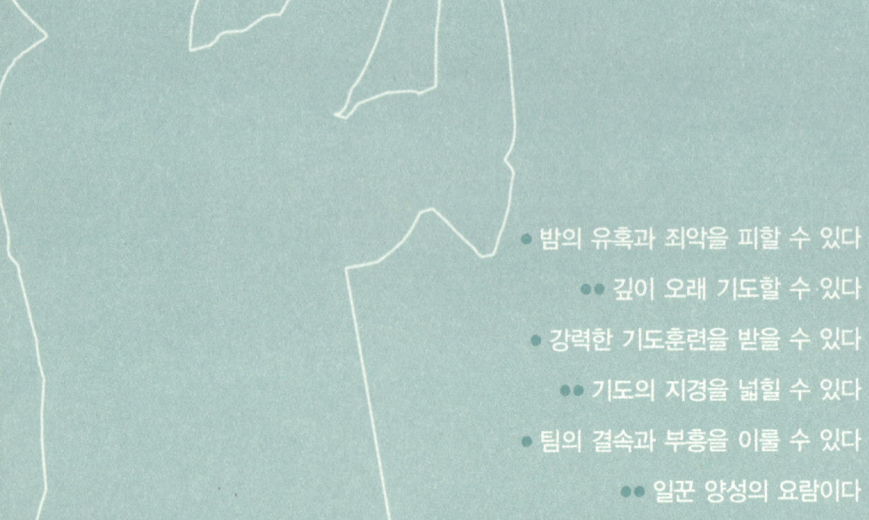

- 밤의 유혹과 죄악을 피할 수 있다
- 깊이 오래 기도할 수 있다
- 강력한 기도훈련을 받을 수 있다
- 기도의 지경을 넓힐 수 있다
- 팀의 결속과 부흥을 이룰 수 있다
- 일꾼 양성의 요람이다

밤의 유혹과 죄악을
피할 수 있다

세상의 '밤'은 온갖 죄악이 성행하는 때다. 음란, 술 취함, 방탕, 은밀한 죄가 주로 밤에 행해진다. 욥기 24장 15절은 밤을 이렇게 묘사하고 있다.

"간음하는 자의 눈은 저물기를 바라며 아무 눈도 나를 보지 못하리라 하고 얼굴을 가리며."

그리고 이사야서 5장 11절에는 또 이런 말씀이 있다.

"아침에 일찍이 일어나 독주를 마시며 밤이 깊도록 머물러 포도주에 취하는 그들은 화 있을진저."

성경에서 '밤'이란 죄악과 어둠을 상징한다.

현대인들에게 금요일 밤이란 무장해제되는 시간이고, 한 주의 일과를 마치고 여가를 계획하는 시간이다. 그래서 많은 젊은이들이 금요일 밤에 자칫 잘못하면 죄악의 유혹에 넘어질 위험이 있다.

이렇게 각종 향락문화가 판치는 금요일 한 밤중에 성도들이 철야기도에 참석한다는 자체가 밤 문화를 피하고 이겨냈다는 증거다. 밤늦은 시간에 나라와 민족을 위해, 교회를 위해, 이웃을 위해 중보 기도할 수 있다는 것이 하나님 보시기에 얼마나 아름다운 일이며, 성도들 개인의 경건생활에 얼마나 유익이 되는지 모른다.

삼일교회 철야에 참석하는 젊은이들을 보고 어떤 성도가 이런 우스갯소리를 하는 것을 들었다. "금요일 저녁에 얼마나 할 일이 없고, 만날 사람이 없고, 갈 데가 없었으면 이곳에 왔겠어?"

그러나 그건 큰 오해다. 할 일이 없고, 만날 사람이 없고, 갈 데가 없는 사람이 철야에 오는 것이 아니라 할 일이 많고, 갈 데가 많고, 만날 사람이 많지만 주님이 주시는 더 큰 기쁨과 영적인 유익을 얻고자 철야에 참석한 것이다. 철야에 참석하는 성도가 진정한 영적 강자이고 인생의 승리자다. 왜냐하면 금요일 밤의 휴식을 포기하고, 수많은 쾌락의 유혹을 물리치고 그 자리에 앉아 있기 때문이다.

우리가 잘 아는 얘기가 있다. 막걸리를 너무 좋아하는 한 사람이 있었는데 그 사람은 막걸리 집 앞을 그냥 지나치지 못했다. 늘 술의 유혹 앞에 무너지고 마는 것이었다. 그런데 어느 날 집에서 우유를 잔뜩 먹고 그 술집 앞을 지나는데 웬일인지 술 생각이 전혀 없더라는 것이다. 이미 우유로 배가 부를 대로 불렀기 때문이다. 우리도 이와 비슷한 경험을 한번쯤은 했을 것이다. 배가 너무 부르면 아무리 맛있는 음식을 갖다 줘도 입맛이 당기지 않는다.

마찬가지로 죄의 강한 유혹을 이기는 길은 일단 죄악의 자리에 가지 않는 것이지만, 우선적으로 더 선한 것, 의로운 것으로 내 마음을 가득 채우는 것이 중요하다. 특별히 주님을 깨끗한 맘으로 부르는 자들과 함께 흘러넘치는 철야기도의 자리를 지킨다면 어떤 죄악의 유혹도 이길 수 있을 것이다. "또한 네가 청년의 정욕을 피하고 주를 깨끗한 마음으로 부르는 자들과 함께 의와 믿음과 사랑과 화평을 좇으라"(딤후 2:22).

실제로 기도가 범죄율을 낮춘다는 놀라운 예가 있다. 미국의 수도 워싱턴은 1993년 454명이 살해됨으로써 미국의 살해 수도라고 불린 적이 있다. 그러나 6년 후 워싱턴의 폭력범죄율은 60퍼센트까지 떨어졌고, 1993년 454명이던 피살자수는 232명으로 줄었고, 강도는 70퍼센트, 강간은 40퍼센트나 줄었다고 한다. 이것은 미국에서 일어난 기도운동, '미국을 위한 중보자들' 덕분이었다. 그 중보기도 그룹이 "사기사건이 은폐되지 않게 하소서"라고 기도하자, 시장인 '마리온 베리'가 약물단속에 적발돼 구속되는 일이 일어났다. 정부와 도시 지도자들을 위해 기도하는 이 기도운동은 연중무휴로 지속되었다고 한다.

장로교 목사 '제임스 맥그레디'의 말에 의하면, 18세기 말 켄터키 주는 마치 소돔과 고모라를 연상시킬 정도로 최악의 상황이었다고 한다. 제임스 목사는 1799년 겨울 내내 교인들과 함께 켄터키 지역을 위해 눈물로 기도했다. 그 결과 다음 해, 미국의 켄터키에 대부흥이 일어나 1만 1천 명이 넘는 사람들이 성찬식에 참여했다고 한다.

1904년 영국의 웨일즈에서는 판사들이 자신들의 흰 장갑을 반납했는데, 이는 재판할 사건이 별로 없었기 때문이었다. 강간 사건도 없었고, 횡령이나 착복도 없었으며, 강도와 살인 사건도 일어나지 않았다. 거의 10만 명에 이르는 사람들이 주님을 영접했다. 그리고 수많은 광부들이 변화를 받아 상스러운 말을 하지 않자 조랑말들이 그들의 지시를 못 알아들을 정도였다고 한다. 또한 음주가 반으로 줄었고, 레드놀셔 주와 메리오네셔 주의 사생아 출산율도 44퍼센트로 하락했다. 이 모든 것이 바로 기도의 능력 때문에 일어난 일이다.

지금도 금요일 밤이면 텅빈 마음과 영적인 공허함을 가지고 죄악의 밤거리를 방황하는 수많은 젊은이들이 있다. 그들에게 세상 것과 비교할 수 없는 더 큰 기쁨과 가치가 있는 일이 있다고 말해 주자. 그들에게 흔들 수 있는 깃발을 쥐어 주자. 그들을 철야기도의 자리로 초대하자. 젊은이들이 죄악을 피할 수 있는 이보다 더 좋은 방법이 또 어디 있을까?

"기도는 죄를 그치게 하고 죄는 기도를 그치게 한다."

"나의 발걸음을 주의 말씀에 굳게 세우시고 어떤 죄악도 나를 주관하지 못하게 하소서"(시 119:133).

깊이 오래
기도할 수 있다

　현대인들은 바쁜 일상 속에서 기도할 시간이 충분하지 않다. 하지만 철야 시간만큼은 세상의 온갖 잡념을 떨쳐 버리고 오랫동안, 한 문제를 가지고 깊이 기도할 수 있다는 유익이 있다.

　새벽에도 그렇게 오랜 시간을 기도하지는 못한다. 예배 시간에도 합심기도는 하지만 오랜 시간을 기도에 할애할 수 없다. 그런데 철야는 무려 4-5시간이 주어졌으므로 충분히 기도함으로 기도의 진수를 맛볼 수 있고, 진정한 기도의 용사로 거듭날 수 있다는 것이다.

　성경에 어떤 일정한 시간을 넘겨 기도해야 한다는 원칙은 없지만 기도제목이 중요하고 절박한 것일수록 더 자주 더 많이 기도하지 않겠는가? 우리 예수님께서도 밤이 새도록 기도하셨다는 것은 그만큼 문제가 중차대했기 때문일 것이다. 마찬가지다. 기도제목이 중요하고, 사태가 심각할수록 더 간절히 오래 기도할 수밖에 없다.

　사람을 만나서 얘기를 나눌 때도 별로 중요하지 않는 일이면 짧게 얘기하고 끝내지만, FTA 같이 국가 간의 중요한 사안을 협상할 때는 몇 년을 두고 두 나라의 대표들이 만난다. 사랑하는 사람과 대화를 나눌 때도 시간가는 줄 모르고 오랜 시간 함께한다. 마찬가지로 사랑하는 하나님과도 그런 시간을 가져야 한다. 그런데 어떤 성도들은 인생의 중요한 문제가 있어도 기도하지 않거나, 지나가듯이 짤막하게 기도하고 만다. 결국 무능력한 삶을 살고, 형식적인 크리스천으로 전락하고 만다.

한나도 오래 기도함으로 사무엘을 잉태하게 되었다.

"그가 여호와 앞에 오래 기도하는 동안에 엘리가 그의 입을 주목한 즉"(삼상 1:12).

예수님께서도 겟세마네 동산에서 자고 있는 제자들에게 '한 시간' 도 기도할 수 없느냐고 책망하셨다. "돌아 오사 제자들이 자는 것을 보시고 베드로에게 말씀하시되 시몬아 자느냐 네가 한 시간(one hour)도 깨어 있을 수 없더냐?"(막 14:37).

적어도 한 시간 정도는 기도해야 비로소 기도의 깊은 경지에 들어갈 수 있다. 기도의 양에서 그 깊이가 나온다고 해도 과언이 아니다. 그러므로 기도의 풍성함과 깊이를 체험하기 위해서는 철야기도만큼 좋은 시간이 없다. 시간적으로나 심적으로나 가장 여유 있는 시간은 바로 이 금요철야기도 시간일 것이다.

강력한 기도훈련을
받을 수 있다

철야기도는 기도회 인도자가 구체적인 기도제목을 제시해 주고, 기도의 길을 말씀으로 올바로 이끌어 주고, 그 기도제목과 관련된 찬양을 마음껏 부를 수 있으니 성도들의 기도훈련에는 최적격이다. 아무래도 혼자 기도하면 잡념이 많이 생기고 오래 기도하기 힘든데 온 성도가 함께 기도하니 더 뜨겁게 기도할 수 있는 것이다.

최기도(28살, 가명) 형제는 지방 대학을 졸업하고, 직장을 서울로 얻어 삼일교회에 등록하게 되었다. 그는 모태신앙이었는데 기도 응답을 받은 경험이 거의 없었다. 그도 그럴 것이 기도한다고 해봤자 식기도와 예배시간에 드리는 기도가 전부였다. 외로운 객지에서 힘들게 직장 생활을 하던 그에게 어느 날 교회 리더 누나가 삼일교회 철야기도 참석을 권유했다. 그는 얼떨결에 그 누나를 따라 철야기도에 참석했다. 처음 느껴보는 묘한 분위기였다. 에어로빅을 방불케 하는 율동, 해병대를 능가하는 빠른 손뼉 치기, 온몸을 흔들면서 기도하는 성도들의 모습, 목사님의 직설적인 말씀. 모든 것이 낯설고 어색했다. 그날도 변함없이 앞에서 인도하시는 목사님이 자신의 여러 가지 문제와 어려움을 놓고 한 시간 기도하라는 말씀과 함께 불이 꺼졌다.

그때 그 형제는 "이왕 이렇게 온 것 나도 한번 소리 내서 기도해 보자"라고 하면서 입을 여는 순간 성령의 강력한 임재를 체험하게 되었다. 그동안 형식적으로 신앙생활 해 왔던 것, 불순종한 것, 어렵고 힘들때 하나님을 찾지 않고 세상 친구와 어울렸던 것…. 이런 생각들이 주마등처럼 지나가면서 회개의 눈물이 한없이 쏟아졌다. 그 한 시간이야말로 그 형제에게 있어서는 다시 주님에 대한 첫사랑을 회복하는 시간이요, 새로운 신앙생활의 분기점이 되었다. 그 후로 그는 철야기도 마니아가 되었다. 그는 그날의 감격을 되새기면서 빠짐없이 철야기도에 참석하고 있고, 삼일교회 리더로서 중추적인 역할을 잘 감당하고 있다. 만일 강력한 삼일교회 철야기도의 훈련이 없었다면 그 형제의 신앙은 지금도 예전과 같은 미지근한 상태에 머물러 있었을 것이다.

혹시 변화되지 않고 별 감동 없는 차가운 가슴으로 신앙생활을 하는 성도가 있는가? 철야기도의 용광로 속에 들어갔다 나와 보라. 죄악의 불순물들은 타버리고 정금과 같은 기도의 용사로 변해 있을 것이다. 대부분의 큰 회개, 큰 변화의 역사는 목숨 걸고 밤을 새워 부르짖을 때 경험하게 된다. 물론 공예배시간이나 다른 기도시간에 이런 역사를 체험하는 경우도 있으나 철야의 강력함과 견줄 수 없다.

중고등부 수련회의 클라이맥스가 무엇인가? 마지막 날 밤을 새워 기도하는 철야기도다. 그때 많은 청소년들이 자신의 장래를 하나님께 드리기로 결단하고, 그들의 마음속에는 지워지지 않는 선명한 은혜의 추억이 각인된다. 그만큼 철야기도는 가장 강력한 기도의 훈련장이다.

나 또한 삼일교회에서 철야기도 훈련을 받기 전에는 기도시간이 힘들고 졸리는 시간이었고, 늘 기도해야 한다는 부담감만 품고 다녔었다. 그렇다고 혼자서 따로 시간을 내서 기도할 만큼 기도가 습관화 된 것도 아니었다. 나의 이런 막힌 기도의 물꼬를 터뜨릴 기도의 장이 절실했다. 그러던 중에 만난 삼일교회 철야기도는 답답했던 나의 영혼을 뻥 뚫어 주었고, 갈급한 내 영혼의 오아시스와 같았으며 기도에 자신감을 갖게 해주었다. 특히 철야 1부나 2부 인도자로서 강단에 서면 거기서 받은 은혜는 너무나 크고 귀하다.

내 인생에 한 가지 아쉬운 점은 좀 더 일찍 이런 기도의 훈련을 받지 못한 것이다. 중고등학교 때 이런 철야기도의 훈련을 받았다면 청소년 시절의 방황을 좀 더 줄일 수 있었을 것이고, 많은 갈등과 선택의 상황을 좀 더 지혜롭게 대처할 수 있었을 것인데 말이다. 그래도 뒤늦게나마 철야기도의 훈련을 통해서 기도의 보고를 맛보도록 은혜를 베푸신 하나님께 감사드린다.

기도의 지경을
넓힐 수 있다

우리가 평소 기도할 때는 자신과 자신의 가족만을 위해 기도하기 쉽다. 하지만 철야기도 때는 자신 외에 나라와 민족, 교회, 미처 내가 생각지 못한 소외된 이웃과 성도들의 형편을 돌아보고 기도할 수 있다는 유익이 있다. 특히 성도들이 철야기도에 참석하면 교회 사역과 흐름을 세세히 알 수 있고, 교회를 위해 중보하다가 더욱 교회를 사랑하게 되고, 헌신을 다짐할 수 있게 된다.

"기도하면 사랑하게 되고, 사랑하면 더욱더 기도하게 된다"는 말이 있다. 부모는 자녀를 진정으로 사랑하기 때문에 누가 시키지 않아도 자녀를 위해 기도한다. 또한 젊은이들은 자신의 진로와 미래가 중요하기 때문에 누가 강요하지 않아도 그것을 위해 간절히 기도한다. 하지만 대부분의 사람들은 자신의 테두리 밖의 일들을 두고는 기도하지 않는다.

그러나 철야기도에 참석하면 한 번도 기도해 보지 못한 기도제목을 놓고 성도가 함께 기도한다. 기도가 가능한 거의 모든 기도제목들을 두고 기도한다. 그래서 나라와 민족을 위해 기도하다가 애국자가 되고, 교회를 위해 기도하다가 교회를 사랑하게 되고, 이웃을 위해 기도하다가 이웃을 사랑할 마음이 생긴다. 더 나아가 기도를 하다가 부담감을 느끼면 구체적인 행동과 헌신도 뒤따른다.

  우리가 철야기도를 통해 중보기도의 시간을 갖지 않는다면 평생 내 가족, 내 부모, 내 형제, 내 사업, 내 자녀만을 위해 기도할지도 모른다. 그러나 철야기도에 매주 참석하면 어느새 이타적이고, 희생적이고, 헌신적으로 변화된 자신을 발견하게 된다. 진정한 기도자만이 진정한 헌신자, 행동가가 될 수 있지 않겠는가?

  어떤 형제가 "목사님, 저는 5분만 기도하면 기도할 것이 없어요"라고 말했다. 왜 그런가? 자신만을 위해 기도하기 때문이다. 디모데전서 2장 1절 말씀에 뭐라고 했는가? "그러므로 내가 첫째로 권하노니 모든 사람을 위하여 간구와 기도와 도고와 감사를 하되." 누구를 위해 기도하라고 했는가? '모든 사람'을 위해서다. 이 모든 사람에는 내가 아는 사람들뿐만 아니라, 내가 잘 알지 못하나 기도가 필요한 사람들까지도 포함되어 있다.

  어떤 목사님이 교회를 개척했다. 하루는 교인들을 모아놓고 '교회부흥과 동네복음화'를 위해 특별새벽기도를 선포했다. 특별새벽기도 첫날 목사님은 교인들에게 기도제목을 적어 내라고 했다. 그런데 교인들이 적어 낸 기도제목의 90퍼센트 이상이 자기와 자기 가정만을 위한 기도제목뿐이었다. 그 기도제목들을 보면서 목사님은 생각했다. '너무 이기적이다. 이런 기도제목을 가지고 동네를 복음화시킬 수 있겠는가?'

  다음날 목사님은 교인들에게 이렇게 말했다. "오늘은 합심해서 기도하겠습니다. 먼저 세계를 위하여 기도하시고, 다음은 아시아, 그리고 한국, 서울, 그리고 우리 교회, 그리고 마지막에 자신과 가정을 위하여 기도하십시오."

모두가 그대로 기도하기 시작했다. 약 한 시간을 통성으로 기도하고 마무리 지으려고 했더니 기도하던 집사님 한 분이 이렇게 소리를 질렀다. "목사님! 이제 서울까지 왔는데요!"

나는 5분만 기도하면 기도할 것이 없다고 투정부리는 성도들에게 '손가락 기도'를 권하고 싶다.

- 엄지손가락(심장에서 가장 가까운 손가락)

이것은 자신을 포함해 가까운 사람들을 위한 기도. 가족, 친구, 이웃 등 사랑하는 사람들을 위해 뜨거운 심장으로 하는 기도를 말한다.

- 집게손가락(무엇을 가리킬 때 쓰는 손가락)

이 기도는 선생님, 경찰관, 법조인, 항해사들을 위한 기도이고, 미래의 방향을 위해 하는 기도이다.

- 가운뎃손가락(가장 긴 손가락)

이것은 나라를 지키는 사람들이나 지도자, 어른과 윗사람들을 위한 기도, 정치인이나 경제인들을 위해 하는 기도이다.

- 약손가락(가장 힘이 없는 손가락)

이것은 병들어 있거나 슬픈 일을 당해 힘을 잃고 슬퍼하는 사람들을 위한 기도이다.

- 새끼손가락(가장 작은 손가락)

이것은 가난하고 소외된 사람들, 장애우나 불우 노인들을 위한 기도, 또한 어린아이를 위한 기도이다.

기도에 목숨을 걸라

삼일교회가 하나님의 축복과 은혜를 받기만 하고 나누어 주지 않았다면 이렇게 큰 부흥은 없었을 것이다. 하나님께 받은 은혜와 축복과 감격을 외부로 흘려보내고 나누어주고 베풀었기에 하나님께서 삼일교회에 이처럼 큰 부흥을 주신 것이라 믿는다. 무엇보다도 삼일교회의 부흥은 성도들이 철야기도회에서 자신만을 위해 기도하지 않고, 타인을 위한 중보기도의 사명을 잘 감당했기 때문이라고 생각한다. 기도의 지경이 확장되고, 기도의 나눔이 있었던 것이다. 그런 의미에서 누가복음 6장 38절 말씀은 기도에도 적용될 수 있을 것이다.

"주라 그리하면 너희에게 줄 것이니 곧 후히 되어 누르고 흔들어 넘치도록 하여 너희에게 안겨 주리라 너희가 헤아리는 그 헤아림으로 너희도 헤아림을 도로 받을 것이니라."

중보 기도는 기도하는 사람 본인에게도 큰 축복이다. 그러므로 나와 내 가정과 교회가 하나님의 축복을 받고, 기도 응답 받는 비결은 타인을 위한 중보기도를 쉬지 않는 것이다. 구원받지 못하고, 고난 중에 있는 많은 사람들을 위한 중보기도의 사명을 감당하는 것도 하나님께서 그분의 자녀들을 택하여 세우신 이유 가운데 하나일 것이다.

내 사역의 지경을 넓히고 싶은가? 먼저 기도의 지경부터 넓혀라. 기도의 지경을 넓히고 싶은가? 그렇다면 밤새워 기도하는 철야기도의 자리로 나아오라.

"나는 너희를 위하여 기도하기를 쉬는 죄를 여호와 앞에 결단코 범하지 아니하고…"(삼상 12:23).

팀의 결속과 부흥을
이룰 수 있다

주일을 잘 보내는 비결이 하나 있다. 그것은 금요일과 토요일을 잘 보내는 것이다. 이때부터 기도로 주일 예배를 준비하는 사람은 더욱 풍성한 주일을 맞이할 수 있을 것이다. 그렇기에 금요철야시간은 너무나 중요하다. 한 주간 일상에 쫓겨 산만해진 시선을 주님께 고정한 채 주일을 준비할 수 있기 때문이다. 이것은 비단 개인에만 해당되는 문제가 아니다. 금요철야시간에 팀원들이 모여 주일 사역을 기도로 준비할 때 사역에 큰 열매를 거둘 수 있다. 팀원들과 함께 철야기도에 참석하여 주일을 준비해보라. 주일 사역에 대한 팀원들의 집중도가 더해지는 것을 느낄 수 있을 것이다.

삼일교회에는 진풍경이 하나 있다. 그것은 대학청년부 200개 팀들이 수요예배나 주일예배를 마치고 바로 귀가하지 않고 남아서 기도하는 모습이다. 교회 구석구석에서, 심지어 사람들이 다니지 않는 골목 으슥한 곳에서 삼삼오오 짝 지어서 기도하는 모습을 쉽게 찾을 수 있다. 특히 철야기도회 때 맨 앞자리에 십여 명의 팀원들이 나란히 앉아서 밤새워 기도하는 모습은 너무도 아름답다. 그렇게 리더와 간사들의 기도를 먹고 자라는 팀원들은 정말 행복한 사람들임에 틀림이 없다. 그리고 기

기도에 목숨을 걸라

▲ 팀원들이 모여 손을 잡고 함께 기도하고 있다

도하는 청년들이 있기에 삼일교회는 오늘도 힘차게 부흥하고 있다.

팀 활동을 하면서 가장 많이 발생하는 시험거리가 있다면 '이성문제, 돈 문제, 이단문제'다. 팀 활동을 하면 이 중 한 가지 문제는 반드시 접하게 된다. 그때는 엎드리는 수밖에 다른 길이 없다. 묵묵히 하나님 앞에 엎드릴 때 문제의 먹구름이 지나가 버린 것을 자주 경험한다. 사실 팀원 중에 문제를 일으키는 사람이 한두 명은 반드시 있기 마련이다. 내 경험상 그것은 하나님께서 지도자를 기도의 사람으로 만들고, 기도를 통해 팀을 하나로 묶기 위해 허락되는 시험이다. 그때 팀이 합심해 기도하면 난관을 극복하고 큰 부흥을 체험하게 되지만, 넘어지면 침체의 늪에서 벗어나지 못한다.

담임 목사님이 늘 하시는 말씀이 있다. 팀이나 교회에 분쟁이 생겼을 때는 그 문제를 직접 거론하지 말고 십자가 설교를 하고, 무조건 흘러 넘치는 기도를 하라는 말씀이다. 그러면 문제가 해결된다는 것이다. 그러므로 철야기도만큼 팀과 교회를 하나로 강하게 결속시키는 것도 없을 것이다. 기도의 삼겹줄보다 강력한 끈이 어디 있겠는가?

마태복음 26장 41절에 보면 "시험에 들지 않게 깨어 기도하라 마음에는 원이로되 육신이 약하도다"라는 말씀이 있다. 이것을 반대로 해석하면 깨어 기도하지 않으면 마귀의 시험이 끊일 날이 없다는 것이다. 강력한 기도만이 개인과 가정과 교회에 모든 시험에서의 승리를 가져다 준다는 것이다.

"두 사람이 한 사람보다 나음은 그들이 수고함으로 좋은 상을 얻을 것임이라 혹시 그들이 넘어지면 하나가 그 동무를 붙들어 일으키려니와 홀로 있어 넘어지고 붙들어 일으킬 자가 없는 자에게는 화가 있으리라 또 두 사람이 함께 누우면 따뜻하거니와 한 사람이면 어찌 따뜻하랴 한 사람이면 패하겠거니와 두 사람이면 맞설 수 있나니 세 겹 줄은 쉽게 끊어지지 아니하느니라"(전 4:9-12).

일꾼 양성의
요람이다

교회가 부흥, 성장하려면 일꾼을 키워야 하는데, 철야기도는 기도 훈련을 통한 일꾼 양성의 좋은 기회가 된다. 그래서 삼일교회 직분 자들은 철야에 반드시 참석하는 것을 원칙으로 하고 있다. 기도하는 일꾼이 최고의 일꾼이 아니겠는가? 삼일교회에서는 교회 오래 다닌 것이 일꾼의 최고 자격요건이 아니다. 일꾼의 가장 중요한 자격요건 하나를 들라면 기도의 자리를 지키는 성실함이다. 이것만 갖추어져 있다면 어느 정도의 시간의 검증만 거치면 얼마든지 영적인 지도자로 세움을 받을 수 있다. 거기에 어떤 세상적인 재력이나 명예나 지위가 전혀 영향을 주지 못한다.

나도 간사를 뽑을 때 가장 중요하게 보는 것이 이 성실함이다. "그동안 얼마나 팀 모임에 잘 나왔는가? 각종 예배에 얼마나 열심히 참석하고 있는가? 기도의 자리를 얼마나 잘 지켰는가?"를 본다. 그것을 가장 중요하게 생각하고 그 다음 은사, 달란트, 리더십 같은 것들을 보고 일꾼을 뽑는다.

사도행전 1장을 보면 가룟 유다가 죽은 후 그를 대신해서 새로운 제자 '맛디아'를 선출하는 장면이 나온다. 새로운 일꾼을 세우는 조건이 무엇인가? "항상 우리와 함께 다니던 사람 중에 하나를 세워"라고 했다 (행 1:22). 무슨 말인가? 일단 성실한 자세로 공동체를 지속적으로 섬긴 사람 가운데 일꾼을 뽑은 것이다.

이 원칙은 오늘날에도 동일하게 적용할 수 있다. 제 아무리 은사와 능력이 있어도 교회 공동체에 소속되어 성실함으로 섬기지 않는 사람에게 영적인 주도권을 주어서는 안 된다. 특별히 온 성도가 밤새워 기도하는 철야의 자리에 나오지 않는다면 지도자로서의 자격을 의심해 봐야 한다.

그런 의미에서 금요일 밤 11시부터 그 다음날 4시까지 기도하는 사람이야말로 지도자로서 높은 점수를 줄 만하다. 철야는 삼일교회 일꾼의 모판인 셈이다. 나는 요즘도 일꾼을 선출할 때 철야에 나와서 밤새워 기도하는 사람이 누구인지 살펴보는 버릇이 있다.

교회에서 항상 문제가 되는 사람은 기도생활을 소홀히 하면서 사회에서의 경험과 실력을 앞세우는 사람이다. 그들이 왜 기도를 안 하는가? 자기 힘으로, 사회에서의 실력과 경험으로 하면 될 것 같기 때문이다. 물론 처음에는 왕성하게 사역하겠지만 조만간 갈등과 분쟁을 일으킬 소지가 다분하다.

지금 간사와 리더와 목자, 교사로서 부서나 팀에 어려움이 있는가? 그러면 "난 말주변이 없어서 팀을 이끄는데 한계가 있어. 나는 소심해서 지도자로서 자격이 없어. 우리 팀 배정이 잘못됐어. 나를 도와줄 사람이 없어. 교회가 나를 도와주지 않아"라고 말하지 말라는 것이다. 지도자들은 다른 데서 문제를 찾지 말고 먼저 기도의 능력을 회복해야 한다. 기본기를 다져야 한다. 그때 비전과 꿈과 믿음이 생기고 엠마오로 가는 두 제자처럼 가슴이 뜨거워지고 열정이 회복된다. 교회의 기둥과 하나님 나라의 일꾼이 되고 싶은가? 밤새워 기도하는 철야의 자리로 나오라.

chapter 03

무엇을 위해 기도하는가

삼일교회 철야기도 때 빠뜨리지 않는 기도제목이 하나 있다면 바로 '직장과 캠퍼스, 현장의 변화'다. 대부분의 시간을 보내는 직장과 캠퍼스에서 성도들이 크리스천으로 살지 못하고 그곳에서 기쁨을 찾지 못한다면 어떻게 그곳에 하나님의 나라가 임할 수 있겠는가?

- 절박한 기도제목의 응답을 위해 부르짖어야 한다
- 예수님을 닮기 위해 부르짖어야 한다
- 내면의 쓴 뿌리를 제거하기 위해 부르짖어야 한다
- 능력 있는 삶을 위해 부르짖어야 한다

절박한 기도제목의 응답을 위해 부르짖어야 한다

철야기도는 말 그대로 '특별한 기도제목을 위해 잠을 포기하고 밤을 새워 간청하는 기도'를 말한다. 절박한 기도제목이 있을 때는 밤새워 부르짖는 철야기도가 필요하다. 사람은 생리적으로 낮에 일하고 밤에 잠을 자도록 되어 있다. 이러한 사람이 밀려오는 수면의 욕구를 억제하며 기도한다는 것은 굉장히 어려운 일이며, 여간한 믿음이 아니고서는 할 수 없는 일이다. 그래서 철야기도를 한다는 것은 그만큼 문제가 간절하고 절박함을 의미한다. 분명 하나님께서는 모든 만물이 잠든 고요한 시간에 깨어 기도하는 자녀들의 부르짖음을 외면하지 않으신다.

누구나 이 세상을 살면서 절박한 문제를 만날 수 있다. 그런데 그리스도 밖에 있는 사람들이 그런 크고 심각한 문제를 만나면 찾아가 하소연할 곳이 없다. 세상적인 해결책을 찾아보지만 달리 뾰족한 수가 없다. 할 수 있는 일이라고는 그냥 혼자서 밤새도록 잠을 이루지 못하고, 근심하며 뒤척이는 일이다. 하나님 없는 세상 사람들이 불쌍한 이유가 무엇인가? 그들은 세상만 쳐다보고 사람만 바라보며 살기 때문이다.

만일 우리 믿는 사람들이 다시 세상으로 돌아가서 하나님의 얼굴을 바라보지 못하고 산다고 생각해 보라. 어떻게 되겠는가? 그것이 지옥이요 고통이요 저주일 것이다. '죄의 삯은 사망'이라고 할 때 그 의미가 무엇인가? 죄 지은 사람은 하나님의 얼굴을 바라볼 수도, 하나님을 만날 수도 없게 되었다는 의미다. 하나님과의 교제와 사귐이 영원히 단절된 것을 말한다. 그래서 예레미야서 2장 19절에 보면 "네 하나님 여호와를 버림과 네 속에 나를 경외함이 없는 것이 악이요 고통인 줄 알라 주 만군의 여호와의 말씀이니라"고 했다. 하나님을 보지 못하고 만나지 못한 것이 인간에게 있어서 최고의 고통이라는 것이다.

인간의 유일한 생명과 힘과 소망은 인간보다 더 위대한 존재이신 하나님을 바라보고 그분과 자주 만나는 것이다. 그분을 만날 때 우리 상처가 치유된다. 웃을 수 있다. 다시 일어설 수 있다. 우리에게는 언제든지 찾아가 나의 절박한 소원을 아뢸 수 있는 분이 계시니 얼마나 감사한 일인가?

현대인들은 고민과 염려에서 한시도 벗어나지 못하고 있다. 이러한 우리의 모습을 생각할 때 일주일에 한 번 있는 철야기도의 자리로 나아와 밤새워 하나님께 부르짖는 일은 모든 걱정, 염려, 문제에서 벗어나는 최선의 방책임에 틀림이 없다. "수양회 간다, 수양한다"라는 말을 영어로 'retreat'이라고 한다. 이것은 군사용어로 "퇴각, 후퇴한다"라는 뜻이다. 기도가 바로 그것이다. 절박한 문제를 만났을 때 먼저 조용히 홀로 물러가서 기도한다면, 문제와 맞서 싸우고 밖으로 뛰어다니는 것보다 더 쉽게 해결될 것이다.

한번은 파주에 있는 금식기도원을 찾아간 적이 있다. 낮인데도 기도원 여기저기서 기도하는 사람들의 모습이 눈에 띄었다. 그 사람들의 건강이 좋지 않다는 것을 한눈에 느낄 수 있었고, 삶의 많은 문제들을 안고 그곳에 왔다는 것을 알 수 있었다. 그때 내가 깨달은 것은 "우리의 삶이 평탄하기만 하다면 누가 하나님을 찾고 기도하겠는가? 인생의 절박한 문제가 없다면 누가 그 구석진 기도원까지 와서 금식하며 기도하겠는가?" 하는 것이었다. 그런데 많은 성도들이 별로 절박하지 않은 문제는 하나님께 가지고 나가지 않는다. 기도하기보다는 오히려 여기저기 전화하고 사람을 찾아다니는 데 더 많은 시간과 힘을 쏟는다. 그래서 하나님께서는 인생의 모든 크고 작은 문제를 하나님께 가지고 나오라고 가끔씩 절박한 어려움에 우리를 직면하게 하시는 것 같다.

몇 년 전에 아버님이 폐암으로 돌아가셨다. 처음에 폐암 초기라고 판정났을 때 내가 제일 먼저 달려간 곳이 어딘지 아는가? 컴퓨터 앞이었다. 그리고 인터넷을 통해서 폐암의 원인, 증상 등을 검색했다. 기도가 쉽게 나오지 않았다. 가족이 노력하면 초기 암은 얼마든지 치료받을 수 있겠다고 생각했기 때문이다. 그러다가 병원에서 의사가 "가망이 없다"고 판정을 내렸을 때 그제서야 간절한 기도가 나왔다. 지금 돌이켜 보면 정말 미련하기 짝이 없다.

성도들이 금요일 저녁 그 귀한 시간에 육신의 편안함과 세상의 낙을 멀리하고 철야기도회에 나왔다는 자체가 벌써 삶 속에 많은 문제를 안고 있다는 증거다. 아무리 믿음이 좋은 성도라고 할지라도 삶 속에 역경과 고난이 없다면 누가 그 자리에 나오겠는가? 삶의 절박한 문제가 성도들을 밤새워 기도하는 기도의 사람으로 만든 것이다.

나는 로버트 슐러 목사님이 쓴 〈절벽 가까이로 부르셔서〉라는 시를

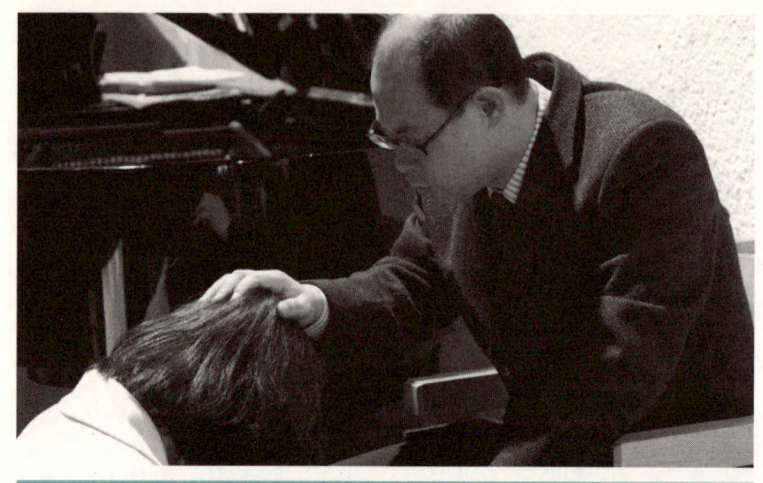

▲ 특별새벽기도회에서 안수기도를 하고 있는 전병욱 목사.

좋아한다. 어려움을 당할 때마다 애송하는 시인데 한번 소개해 보겠다.

절벽 가까이로 나를 부르셔서 다가갔습니다.
절벽 끝에 더 가까이 오라고 하셔서 더 다가갔습니다.
그랬더니 절벽에 겨우 발을 붙이고 서 있는 나를
절벽 아래로 밀어 버리시는 것이었습니다.
물론 나는 그 절벽 아래로 떨어졌습니다.
그런데 나는 그때까지 내가 날 수 있다는 사실을 몰랐습니다.

하나님께서 왜 우리를 절박한 상황으로 이끄신다는 것인가? 기도할 마음이 생기도록 하기 위해서다. 그러므로 성도가 절박한 상황에서 기

기도에 목숨을 걸라

도하면 날개를 다는 것이요, 기도하지 않으면 짐승같이 망할 수밖에 없다. 고난 속에서 하나님을 원망할 때도 있지만, 결국 그 고난은 우리를 하나님께 가까이 이끌고 기도의 날개를 달게 한다. 칼빈도 이런 말을 남겼다. "어려운 환경에서 기도하고 싶은 마음마저 없다면 우리는 짐승만도 못한 사람들이 아닐 수 없다."

사업을 하는 한 형제는 철야 2부까지 한 번도 빠지지 않고 참석한다. 항상 그 자리에 앉기 때문에 한 번이라도 빠지면 금방 표시가 나는 형제다. 내가 물어봤다. "그렇게 바쁜 데도 어떻게 한 번도 철야에 빠지지 않고 참석할 수 있나요?" 그랬더니 그 형제가 하는 말이 걸작이다. "요즘처럼 극심한 불경기에 살아남는 방법은 이 길밖에 없습니다." 절박한 고난과 어려움이 그를 기도의 자리에 앉아 있도록 만든 것이다.

특별히 사람들이 가장 절박하게 하나님을 찾는 경우는 바로 '병상'에서다. 병상에 몸져누우면 '악마도 천사로 바뀐다'는 말도 있지 않던가? 아무리 하나님께 무관심했고, 내세와 죽음에 대해 생각하지 않고 살아온 사람이라도 극심한 질병에 걸리면 대부분 지푸라기라도 잡는 심정으로 하나님을 찾게 되고, 죽음과 내세에 대해 깊이 생각한다. 오늘도 대학병원 중환자실에 심방을 갔다 왔는데, 평생 하나님을 찾지 않던 어떤 분이 죽음이 임박했음을 깨닫고 하나님을 간절히 찾고 예수 그리스도를 영접하는 것을 보았다. 그나마 마지막 순간에 구원을 얻게 된 것이 얼마나 다행인지 모른다. 할 수만 있다면 하나님께서 그 성도님에게 기적을 베푸셔서 제2의 인생을 살게 하시기를 기도한다. 이와 같이 우리가 삶의 절박한 문제를 만나게 되면 밤을 새워 기도하게 되고, 그러한 기도제목의 응답을 받기 위해 철야가 필요한 것이다.

"이르되 내가 받는 고난으로 말미암아 여호와께 불러 아뢰었더니 주께서 내게 대답하셨고 내가 스올의 뱃속에서 부르짖었더니 주께서 내 음성을 들으셨나이다"(욘 2:2).

예수님을 닮기 위해
부르짖어야 한다

불신자들이 가장 이해하기 어려운 것 가운데 하나가 바로 교인들의 철야기도다. "뭐 그렇게 기도할 것이 많다고 밤을 새워가며 기도하는가? 꼭 그렇게 극성스럽게 예수를 믿어야 되는 것인가?"라고 비웃는다. 그러나 철야기도는 극성스런 교인들만 하는 것이 아니다. 예수님을 닮기를 원하는 모든 성도들이 하는 것이다.

제자는 스승이 가는 길을 따라가는 자다. 스승이 행하는 것은 언제나 옳다고 생각하고 본받는 자다. 예수님의 제자라면 예수님이 가신 길을 따라가야 하고, 그분이 하시는 일은 언제나 옳다고 생각하고 본받아야 하지 않겠는가? 우리 예수님께서 한적한 산에 올라가서 밤을 새워 철야기도를 하셨기 때문에 우리도 그것을 본받아 기도하는 것이 마땅하다(눅 6:12). 예수님처럼 능력 있는 삶을 살기 위해 예수님처럼 밤새워 기도하는 것이다. 예수님은 철야기도의 원조요 창시자다. 예수님께서 그 바쁜 사역의 와중에도 짬을 내어 철야기도 하셨다면 철야기도에는 어떤 영적인 비밀과 능력이 숨겨져 있는 것이 분명하다.

예수님의 성품을 한마디로 표현하자면 '온유와 겸손'이다. 수많은 대적들의 모함과 공격 속에서도 온유와 겸손을 끝까지 잃지 않으셨던 예수님의 그 능력의 원천이 어디에 있을까? 그것은 바로 예수님의 기도에 있었다. 기도의 사람, 믿음이 좋다는 사람의 특징 가운데 하나는 부드럽다는 것이다. "신앙생활을 오래했다, 믿음이 좋다"고 하는데 성격이 지나치게 날카롭고 투사와 같다면 뭔가 이상하지 않은가?

가장 변화되지 않는 것 가운데 하나는 바로 사람의 성품일 것이다. 왜 그런가? 사람의 성품이라는 것은 하루아침에 형성되는 것이 아니라 평생에 걸쳐서 형성되기 때문이다. 그래서 나이 드신 분들이 "결혼하면 배우자의 성품을 고치려 들지 말고 수용하려고 하라"고 말씀하시는 것이다. 그만큼 쉽게 변화되지 않는 것이 사람의 성품이다. 그러나 아무리 완악하고 삐뚤어진 성격을 가진 사람이라도 기도의 능력 앞에서는 예수님의 성품과 같이 변화될 수 있다고 확신한다. 나 자신도 기도생활이 게을러지고, 기도의 양이 부족해지면 예민하고, 짜증이 나고, 아무 것도 아닌 일에 화를 내게 된다. 기도가 사라지면 절제력도 사라지게 된다. 그때마다 흘러넘치는 기도를 하면 주위의 어떤 환경 속에서도 평온함을 되찾는다.

제자들이 예수님께 다른 것은 가르쳐 달라고 요청하지 않았지만 '기도하는 법'을 가르쳐 달라고 했다는 것에 주목해야 한다(눅 11:1). 왜 제자들이 예수님께 그런 부탁을 했을까? 그것은 예수님께서 기도하신 뒤 어떤 일이 일어났는지 제자들이 분명히 보았기 때문이다. 예수님께서 기도하신 후 병을 고치시고, 기도하신 후 권세 있는 말씀을 증거하시고, 기도하신 후 기적을 일으키시고, 기도하신 후 적들의 모함과 올무를 지혜롭게 극복하시는 것을 목격했기 때문이다. 사람들은 예수님께서 권세 있는 교훈으로 가르치시고, 병을 고치시고, 귀신을 내쫓으시는 것을 보고 놀란다. 그것으로 많은 자들이 예수님을 따르게 된다.

"시몬과 및 그와 함께 있는 자들이 예수의 뒤를 따라가 만나서 가로되 모든 사람이 주를 찾나이다"(막 1:36-37). 예수님의 인기를 실감할 수 있는 말씀이다. 하지만 예수님께는 십자가라는 한 목표가 있었고, 그것을 향해 달려가기 위해 모든 인간적인 인기와 명예를 차단하고 기도하는 것이 필요하셨다. 예수님께 기도의 시간이란 인간의 모든 칭찬과 명예와 인기로부터 벗어나는 길이었고, 예수님을 향한 모든 편견과 비난으로부터 자유하게 되는 길이었다. 세상 사람들은 어제의 영광과 인기에 더 머물려고 안간힘을 쓰고 있다. 그러나 예수님은 어제의 영광, 인기, 칭찬으로부터 과감하게 자신을 단절시키신다. 그리고 다시금 자신의 삶을 하나님께 맡기면서 하나님만으로 만족하신다.

당신도 이런 예수님의 그 능력과 인격을 본받고 싶지 않은가? 그것을 원한다면 철야기도를 통해 흘러넘치는 기도를 드려보라. 목숨을 걸고 밤새워 부르짖어 보라. 어느새 예수님의 형상이 내 몸에 각인된 것을 발견하게 될 것이다.

"이 때에 예수께서 기도하시러 산으로 가사 밤이 새도록 하나님께 기도하시고"(눅 6:12).

내면의 쓴 뿌리를 제거하기 위해 부르짖어야 한다

모든 사람은 마음속에 쓴 뿌리를 가지고 있다. 쉽게 사라지지 않는 죄악의 쓴 뿌리, 어릴 적부터 받아온 상처의 쓴 뿌리, 고질병과 같이 나를 따라 다니는 연약함의 쓴 뿌리. 이것들은 우리의 노력이나 고행, 세상의 어떤 방법으로도 치유될 수 없다. 흘러넘치는 기도를 통해서, 성령의 능력으로만 치유되고 회복될 수 있다. 그러므로 밤새워 기도하면서 이러한 나의 쓴 뿌리들을 하나님께 내어 드려보라. 내 속에 있던 온갖 더러운 것들과 상처와 죄악들을 십자가의 보혈로 치유해 주시는 하나님을 경험하게 될 것이다.

한번은 앞에서 철야기도를 인도하는데 앞에 앉은 어떤 자매가 갑자기 통곡을 하기 시작했다. 순간 당황했지만 모든 성도들이 통성으로 기도하는 터라 개의치 않고 계속 기도했다. 나중에 알고 보니 그 자매는 어릴 적 아버지께 받은 학대와 폭력 때문에 아버지를 증오하며 살았다고 한다. 그런데 기도하는 중에 아버지를 향한 용서의 마음이 생겼고, 아버지의 영혼을 위해 눈물과 통곡으로 기도했다고 한다.

어떤 목사님께 젊은 부부가 찾아왔다고 한다. 이유인즉 성격이 너무 안 맞고, 자주 싸워서 이혼하려고 하는데 마지막으로 목사님께 기도나

받고 이혼하려고 한다는 것이었다. 그 목사님은 아무 말 없이 그 두 사람의 손을 붙잡고 이렇게 기도했다고 한다.

"이 두 사람 사이를 이간질시키고 다투게 만들고 불화하게 만드는 사단아! 내가 예수의 이름으로 명하노니 물러가라! 주님, 이 두 사람의 마음을 하나로 묶어 주옵소서! 하나님의 사랑으로 서로를 사랑하고 용서하게 해주옵소서!"

그때 이 젊은 부부의 마음이 눈처럼 녹아내리고, 울면서 서로를 용서하는 일이 기적과 같이 일어났다고 한다. 이것이 바로 기도의 능력이다. 이러한 일들이 어떻게 인간의 노력이나 철학, 상담으로 가능한 일이겠는가? 오직 기도의 능력이 아니고서는 일어날 수 없는 일이다.

우리는 인간관계에 금이 가면 가장 먼저 관계가 깨어진 상대와 단 둘이서 그 문제를 해결하려고 한다. 물론 화해를 위해서는 그것도 필요하다. 하지만 서로를 용서해도 마음 깊숙이 박힌 미움의 쓴 뿌리가 제거되기까지는 많은 시간이 걸린다. 오히려 이런 관계의 쓴 뿌리가 있다면 그것을 먼저 하나님 앞에 가지고 가 보라. 그러면 하나님께서 원수와 같은 그 사람을 사랑할 마음을 주시고, 상대방에게도 부드러운 마음을 주셔서 완전한 용서와 화해를 경험하게 해 주실 것이다.

"사람의 행위가 여호와를 기쁘시게 하면 그 사람의 원수라도 그와 더불어 화목하게 하시느니라"(잠 16:7).

야곱이 얍복 나루에서 한 기도를 떠올려 보라. 야곱은 자기를 죽이려고 달려오는 형을 만나기 전에 하나님을 만났고, 밤을 지새우면서 드리는 기도의 씨름에서 승리했다. 그로 인해 하나님께서 형 에서의 마음을 눈 녹듯이 녹아내리게 하시고, 완전한 화해가 이루어진 것이다.

우리 마음 깊은 곳에는 누구나 할 것 없이 죄악과 상처로 인한 쓴 뿌리들이 있다. 그것을 가지고 밤새워 하나님 앞에 기도로 나아가 보라. 세상의 어떤 상담가보다 따스하게 다가오셔서, 당신의 아픈 곳을 보혈로 치유하시고 회복시키시는 하나님의 손길을 경험하게 될 것이다.

고린도후서 10장 4절에 보면 이런 말씀이 있다. "우리의 싸우는 무기는 육신에 속한 것이 아니요 오직 어떤 견고한 진도 무너뜨리는 하나님의 능력이라." 이 견고한 진을 무너뜨리는 능력이 무엇인가? 바로 기도다. 우리를 오랫동안 누르고 있던 죄악의 쓴 뿌리들, 사람들 마음속에 있는 불신의 장벽들, 내 마음속 깊은 곳에 있는 상처의 상흔들, 실타래처럼 묶여 있는 인간관계의 문제를 깨뜨리고, 치유하고, 푸는 강력한 무기가 무엇이라는 말인가? 바로 기도다. 무엇보다도 흘러넘치게 드리는 철야기도가 필요한 것이다.

"상심한 자를 고치시며 그들의 상처를 싸매시는도다"(시 147:3).

"내가 너의 상처로부터 새 살이 돋아나게 하여 너를 고쳐 주리라"(렘 30:17).

능력 있는 삶을 위해
부르짖어야 한다

신앙생활을 하다 보면 신앙과 현실 사이의 괴리감 때문에 갈등을 겪을 때가 있다. 교회 안에서 말씀 듣고 기도할 때면 힘이 솟는다. "천하를 한 손에 쥐고 흔들 수 있겠다"는 자신감으로 충만해진다. 그런데 일단 교회 밖으로 나가기만 하면 무기력하고 초라해진다. 세상 앞에만 서면 나는 왜 그리 작아지는지 알 수가 없다. 너무도 많은 크리스천들이 교회에서는 호랑이인데, 세상에만 나가면 고양이가 된다. 직장생활이나 학교생활을 할 때도 크리스천들이 별 이유 없이 '왕따 아닌 왕따'를 당하는 것을 보라.

많은 성도들이 "현장의 변화, 현장의 변화!"를 그렇게 외치지만 그게 말처럼 쉽지 않다는 것을 누구나 다 알 것이다. 구호만 가지고는 현장의 변화가 일어나지 않는다. 요셉, 다니엘처럼 살아야 하는데 그게 잘 안 된다. 하지만 현장을 변화시키는 능력 있는 크리스천이 되는 비결이 하나 있다. 그것은 현장에 모여서 기도하는 것이다. 직장의 변화를 원하면서 직장 신우회에 모이지도 않고, 기도하지 않는다면 어떻게 현장을 변화시킬 수 있겠는가?

삼일교회 철야기도 때 빠뜨리지 않고 기도하는 기도제목이 하나 있다면 바로 '직장과 캠퍼스, 현장의 변화'다. 내가 대부분의 시간을 보내는 직장과 캠퍼스에서 성도들이 크리스천으로서 살지 못하고 그곳에서 기쁨을 찾지 못한다면 어떻게 그곳에 하나님의 나라가 임할 수 있겠는가? 영적싸움이 치열한 만큼 강력하고 흘러넘치는 기도가 필수적이다.

많은 직장 사역자들이 직장사역자의 본보기로 다니엘을 꼽는다. 다니엘은 믿음과 실력이 균형을 이룬 능력의 사람이었다. 그럼 다니엘의 능력의 원천이 무엇인가? 바로 기도에 있었다. 다니엘서 6장 10절에 보면 "다니엘이 이 조서에 왕의 도장이 찍힌 것을 알고도 자기 집에 돌아가서는 윗 방에 올라가 예루살렘으로 향한 창문을 열고 전에 하던 대로 하루 세 번씩 무릎을 꿇고 기도하며 그의 하나님께 감사하였더라"고 했다. 아마 사자 굴에 들어가기 전날은 밤이 새도록 기도했을 것이 분명하다.

사도행전 16장에서도 바울과 실라가 복음을 전하다가 빌립보 감옥에 감금되었을 때 밤중에 찬미하고 기도하는 모습을 볼 수 있다. "한밤중에 바울과 실라가 기도하고 하나님을 찬송하매 죄수들이 듣더라"(행 16:25). 그때 온 천지가 진동하고, 간수와 그의 가족이 구원받는 놀라운 능력의 역사가 나타났음을 알 수 있다. 이처럼 기도는 성도들을 능력 있는 자로 만드는 강력한 힘이라는 것이다.

또한 베드로전서 3장 6절에 이런 말씀이 있다. "사라가 아브라함을 주라 칭하여 순종한 것같이 너희는 선을 행하고 아무 두려운 일에도 놀라지 아니하면 그의 딸이 된 것이니라." 기도하는 사람들의 특징이 하나 있다면 어떤 두려운 일에도 요동하거나 놀라지 않는다는 것이다. 우

▲ 뜨겁게 기도하고 있는 삼일교회 성도들

리 주위에 평생 기도를 통해 영적인 내공을 쌓은 분들을 보라. 어떤 세상의 풍파에도 흔들리지 않는 하나님에 대한 믿음과 내적인 평안이 있는 것을 보게 된다. 이것이 바로 기도하는 사람에게 주어지는 하나님의 능력이라고 할 수 있다. 반면에 하나님과의 깊은 대화와 만남이 없는 사람은 어떠한가? 삶에서 작은 어려움만 만나도 호들갑을 떨고, 안절부절 못하고, 여기 저기 전화하고, 사람 찾아다니면서 하소연 하느라 정신이 없다.

내가 신학대학원 다닐 때 쌍둥이 딸을 둔 전도사님이 계셨다. 그런데 동기 수련회중 급히 연락이 왔다. 딸 아이 하나가 음식을 먹다가 식도가 막혀 위급하다는 소식이었다. 거기에 있던 모든 전도사님들이 합심 기도 했으나 결국 딸아이는 하늘나라에 가고 말았다. 그런데 그분이 딸

아이 장례를 치르고 다시 학교에 왔는데 언제 그랬냐는 듯이 평온한 모습으로 수업에 집중하는 것이었다. 나는 역시 하나님의 백성들은 뭔가 달라도 확실히 다르다는 것을 그때 깨달았다. 그러한 초연함과 아픔을 이기는 능력이 과연 어디에서 왔을까? 나는 그 전도사님이 평소에 기도를 통해 하나님과의 깊은 교제를 누리고 있던 분이라는 것을 잘 알고 있었다. 기숙사 뒷동산에서 밤마다 기도하는 전도사님의 모습을 가끔 볼 수 있었다. 기도의 능력이 그 가슴 아픈 일에 대해서 하나님을 원망하지 않고, 하나님의 선하신 섭리를 믿는 정금 같은 믿음을 갖게 한 것이다.

 중학교 때 산상수훈을 읽는데 수긍이 가지 않는 부분이 있었다. 거기 기록되기를 오른뺨을 때리면 어떻게 하라고 하시는가? 왼뺨까지 내밀라고 하신다. 그런데 내 심정은 어떠한가? 오른뺨을 맞으면 왼뺨을 열 대 때려도 시원치 않을 것 같다. 그런데 왼뺨까지 내밀라고 하신다. 또 오리를 가자고 하면 십리를 가주라고 하신다. 겉옷을 달라고 하면 속옷까지 주라고 하신다. 원수를 미워하지 않으려고 노력하는 것만 해도 대단한 일인데 "네 원수를 사랑하고 위하여 기도하며 축복하라"고 하신다. 나는 그 말씀을 읽고 큰 의문에 빠졌다. "하나님, 이것 참 좋은 말씀이긴 한데 과연 누가 그렇게 살 수 있겠습니까?"

 그런데 나이를 먹고 신앙이 깊어질수록 내가 그렇게 살 수 없기 때문에 하나님께 엎드려야 하고, 하나님께 엎드릴 때 성령님께서 그렇게 할 수 있는 능력을 주신다는 것을 깨닫는다. 기도하고 엎드리는 것이 해답이라는 것이다. 신앙생활의 승리는 내 힘으로 되는 것이 아니다.

우리는 기도의 능력을 손양원 목사님의 생애를 통해 확실하게 볼 수 있다. 여수, 순천 반란 사건 때 목사님의 사랑하는 두 아들 동인이와 동신이가 안재선이라는 사회주의자에게 무참하게 살해당하고 만다. 그런 와중에서도 손양원 목사님은 주일날 그 유명한 "나는 이래서 하나님께 감사합니다"라는 내용으로 설교하시고, 사랑하는 아들을 죽였던 안재선을 석방시켜서 자기 양아들로 삼는다.

손양원 목사님께서 그런 설교를 하시고, 결단을 하시기까지 얼마나 많은 밤들을 눈물로 지새웠을까 생각해 보았는가? 처음에는 아들의 죽음만 생각하면 분통이 터지고, 미움이 싹텄을 것이다. 하지만 인간 손양원 목사님으로서는 자기 자식의 죽음 앞에 슬퍼하고 분노할 수밖에 없었지만 하나님께 엎드렸을 때 성령께서 원자탄과 같이 강력한 사랑의 힘을 주셨다고 믿는다. 성령님께서는 오늘도 하나님의 말씀대로 살고자 몸부림치고, 부르짖는 그의 자녀들에게는 이러한 하늘의 능력을 주실 것을 확신한다.

니키 검블은 「부흥의 본질」이라는 책에서 이런 글을 남겼다.

독수리는 날지 않습니다. 선천적으로 바람의 흐름을 구별하는 능력을 가지고 있어서 적당한 바람이 불면 단지 공중에 떠서 바람에 몸을 맡길 뿐입니다. 때문에 독수리는 날개를 칠 필요가 없습니다. 독수리가 하는 일이란 바람을 타는 것뿐입니다. 다른 새들은 폭풍을 두려워합니다. 그러나 독수리는 폭풍을 사랑합니다. 폭풍 때문에 독수리는 더 높이 날 수 있기 때문입니다. 마찬가지로 독수리 같은 그리스도인들은 이를 악

물거나 이마에 땀을 흘리면서 봉사하지 않습니다. 성령의 바람을 통해 하나님의 능력으로 봉사합니다. 이것은 열심히 일하지 말라는 뜻은 아닙니다. 다만 하나님의 능력으로 하나님의 일을 하지 않으면 어떤 것도 이룰 수가 없다는 것입니다.

사도행전을 읽다보면 딜레마에 빠진다. "왜 나는 사도행전에 나오는 제자들같이 능력 있는 삶을 살지 못할까?"라는 의구심이 생기는 것이다. 크리스천이라면 누구든지 내가 속해 있는 팀, 직장, 캠퍼스마다 부흥이 일어나고 나를 통하여 많은 사람들이 변화되기를 꿈꾸고 있다. 그러나 이러한 능력 있는 삶은 내 방법, 내 열심, 내 힘으로 되는 것이 아니다.

사복음서에 보면 제자들이 기도하는 모습을 거의 찾아볼 수 없다. 제자들이 얼마나 기도를 하지 않았는지 곳곳에서 발견된다. 누가복음 24장에 보면 예수님께서 죽음을 앞두고 겟세마네 동산에서 최후의 기도를 하고 계실 때도 제자들은 잠만 잤다. 마가복음 9장 28-29절에 보면 이런 말씀이 나온다. "집에 들어가시매 제자들이 조용히 묻자오되 우리는 어찌하여 능히 그 귀신을 쫓아내지 못하였나이까 이르시되 기도 외에 다른 것으로는 이런 종류가 나갈 수 없느니라 하시니라."

귀신들린 아이를 제자들이 고치지 못하고 쩔쩔매자 예수님께서는 그 원인을 기도에서 찾고 있다. 제자들은 예수님께서 승천하신 뒤에야 비로소 기도가 바로 예수님의 능력의 원천이었던 것을 깨닫고 기도의 사역에 돌입하게 된다. 그래서 그들은 제 구시에 기도시간을 정해놓고 매일 기도한 것이다. "제 구 시 기도 시간에 베드로와 요한이 성전에 올라 갈새"(행 3:1).

삼일교회는 1년에 열 번 이상 선교현장에 나가서 영적 전쟁을 벌인다. 그러면 그때 성도들에게 무슨 준비가 가장 필요하겠는가? 선교에 필요한 언어와 물품의 준비도 필요하다. 빈틈없는 프로그램 준비도 중요하다. 하지만 더 중요한 것은 기도의 힘을 하나로 모으는 것이다. 가슴이 뜨거워질 때까지, 승리에 대한 확신과 믿음이 허락될 때까지, 잃어버린 영혼들에 대한 눈물이 회복될 때까지 기도하는 것이 가장 중요하다. 선교지역에 우리의 몸보다 기도가 먼저 가야 한다.

오래 전에 새가족부를 수료한 어떤 자매의 간증을 들었다. 그분이 하루는 밤에 가슴이 뜨거워져서 잠이 안 오는 것이다. 알고 보니 그녀의 친구들이 모여서 그녀의 구원을 위해 중보기도하고 있었다고 한다. 심지어 그 자매는 기도하는 친구들에게 "제발 기도 좀 하지마"라고 외쳤다고 한다. 결국 지금 그녀는 삼일교회에 다니게 되었고 누구보다 열심 있는 기도의 사람이 되었다.

우리가 잃어버린 팀의 영혼들을 놓고 중보기도하면 성령의 불이 그들 속에 들어가 그들의 강퍅한 마음을 녹여주시고 변화시켜 주신다는 것을 믿는다.

성도들의 능력의 원천이 어디에 있는가? 그것은 기도의 삶에 있다. 그리고 기도를 하더라도 충분히, 흘러넘치게 하라. 오늘도 성령께서는 철야 기도를 통해 하나님께 붙어 있는 그의 자녀들에게 이러한 하늘의 능력을 주실 것을 믿는다.

(2부) 응답하시는 하나님께 기도하라

chapter 04
간절한 기도로
기적을 맛본 사람들

링컨 대통령은 평소에 자주 이런 말을 했다고 한다. "나는 어려울 때마다 무릎을 꿇고 기도를 합니다. 나는 특별한 지혜가 없지만 기도를 하고 나면 특별한 지혜가 종종 머리에 떠오르곤 했습니다."

- 중요한 선택의 기로에서
- 어려운 고난을 당할 때
- 많은 일들로 분주할 때
- 불안과 두려움이 몰려올 때
- 간절한 소원이 있을 때

중요한
선택의 기로에서

"이 때에 예수께서 기도하시러 산으로 가사 밤이 새도록 하나님께 기도하시고 밝으매 그 제자들을 부르사 그 중에서 열둘을 택하여 사도라 칭하셨으니"(눅 6:12-13).

미국의 초대 대통령 조지 워싱턴은 시간을 정해놓고 기도하는 사람이었다고 한다. 그는 매일 성경을 읽고, 펼친 성경 앞에서 무릎을 꿇고 하나님의 인도와 도우심을 구했다고 한다.

우리가 잘 알듯이 미국의 16대 대통령 링컨 또한 기도의 사람이었다. 어느 날 대통령을 만나러 온 사람이 약속시간보다 조금 빨리 관저로 갔다. 응접실에서 기다리고 있는데 방에서 이야기 소리가 들려왔다. 그 사람이 이것을 이상하게 생각하여 비서관에게 이유를 묻자 "대통령께서는 지금 기도하는 중입니다"라고 대답했다고 한다. 링컨은 한 국가의 대통령으로서 얼마나 많은 선택의 기로에 놓였겠는가? 그때마다 기도함으로 하나님의 지혜와 인도하심을 받았다는 것이다.

워싱턴에 있는 미국회의사당의 높은 둥근 천장 안에는 방문객이 좀처럼 찾아볼 수 없는 밀실이 있다고 한다. 그곳은 국회의원들을 위한 개인 예배실이라고 한다. 그곳에서 그들은 나라의 법을 제정하는 사람으로서 책임과 당면한 문제들을 놓고 하나님의 인도와 능력을 간구하는 것이다. 이 예배실이 마련된 1995년 이후 그곳은 하루도 비어 본 날이 없다고 한다. 국회의원들은 거기에 들어가 성경을 읽고 기도하고 여러 가지 선택의 상황에서 하나님의 인도와 영감을 받는다고 한다.

우리의 삶도 선택의 연속이라고 해도 과언이 아니다. 작게는 식당에서 "무엇을 먹을 것인가?"에서부터 "어떤 학교에 진학할 것인가? 어떤 배우자를 선택할 것인가? 어떤 교회에 출석할 것인가? 어디에서 살 것인가?"에 이르기까지 수없는 선택의 기로에 직면하게 된다. 이때 우리 예수님을 본받아 밤이 맞도록 기도한다면 최선의 선택을 할 수 있으리라 믿는다. 우리 예수님도 열두 사도의 선택이라는 중대한 문제를 놓고 밤이 맞도록 기도하셨다. 어떠한 일을 결정하고 행동으로 옮기기에 앞서 먼저 기도하시는 예수님의 모습이 퍽 인상적이다. 전혀 아쉬울 것도 부족할 것도 없으신 예수님께서 이처럼 밤이 새도록 기도하셨다는 것은 오늘날 우리에게 시사하는 바가 크다. 종종 우리는 일을 우선 추진시켜 놓고 그 다음에 기도하거나, 자신의 계획을 이미 다 수립해 놓고 하나님을 끌어 들이는 경우가 많다. 그런데 우리는 예수님의 기도를 통해 모든 일에서 나보다 앞서야 할 것은 오직 한분 하나님이시라는 진리를 배울 수 있다.

삼일교회 대학청년부 조직은 특이하다. 대학부와 청년부가 나눠져 있지 않다. 다른 교회들을 보면 대학생은 대학부에 직장인들은 청년부에 소속되어 활동한다. 그러나 삼일교회 대학청년부는 고등학교를 졸업하면서부터 결혼하기 전까지의 미혼남녀가 무작위로 섞여 있다. 이 조직도 지속되는 것이 아니라 진내에서는 팀 개편이 1년에 한 번씩 이루어지고, 2년마다 한 번씩은 교회 전체적으로 진이 완전히 뒤섞이게 된다. 이 개편의 목적은 새로운 만남과 일꾼의 선발과 조직의 세포분열에 있다. 이렇게 삼일교회는 2년에 한 번씩, 짧게는 1년에 한 번씩 교회 조직을 개편하는데 그때 성도들의 대이동이 있고, 대부분의 성도들이 새로운 영적 지도자와 지체들을 만나게 된다. 한번 팀이 정해지면 향후 1-2년간은 그들과 교회 생활을 해야 한다. 이때 정말 많은 성도들이 좋은 지도자, 동역자를 만나게 해 달라고 기도하는 모습을 볼 수 있다.

영적인 스승과 동역자의 중요성은 아무리 강조해도 지나치지 않다. 만일 나와 신앙의 색깔이나 성격이 잘 맞지 않는 지도자나 팀원을 만나면 다음 개편 때까지 힘든 시간을 보내고 연단 아닌 연단을 받게 된다. 한번 정해진 팀을 쉽게 옮길 수도 없는 노릇이다. 그러므로 사람들을 잘 만나면 그야말로 신앙생활에 날개를 달고 행복한 교회생활을 할 수 있다. 청년들이 개편을 통해 배우자를 만나는 경우도 적지 않음을 볼 때 기도하지 않을 수 없는 일이다. 실제로 어떤 자매는 진 개편 때 좋은 동역자를 만나게 해 달라고 기도했더니 평소에 동역하고 싶어 했던 지체들을 고스란히 만나게 되었다고 좋아했다.

기도는 돋보기와 같다고 생각한다. 돋보기가 태양빛을 한 점으로 모아서 종이를 태우듯이 우리가 기도하면 하나님께서 우리의 흐트러진 마음에 집중력과 지혜와 명철을 주셔서 올바른 판단을 할 수 있게 해 주시고, 강력한 추진력으로 일을 이끌어 갈 수 있게 해 주신다. 당신도 지금 어떤 선택의 기로에 놓여 있는가? 밤새워 기도한 다음에 결정하면 실수하지 않는 선택, 후회하지 않는 선택을 하게 될 것이라 믿는다. 우리가 예수님처럼 크고 작은 선택의 상황에서 기도로 하나님의 인도하심을 구할 때 하나님께서 가장 좋은 길로 인도해 주실 것을 확신한다.

"너는 마음을 다하여 여호와를 신뢰하고 네 명철을 의지하지 말라 너는 범사에 그를 인정하라 그리하면 네 길을 지도하시리라"(잠 3:5-6).

"네 길을 여호와께 맡기라 그를 의지하면 그가 이루시고"(시 37:5).

어려운 고난을
당할 때

"이에 예수께서 제자들과 함께 겟세마네라 하는 곳에 이르러 제자들에게 이르시되 내가 저기 가서 기도할 동안에 너희는 여기 앉아 있으라 하시고"(마 26:36).

사람들은 흔히 예수님을 믿으면 안 되는 일도 잘 되고, 질병도 사라지고, 아무 사고도 없는 형통한 삶을 살 것이라 생각한다. 물론 이 땅에서 주님이 주시는 축복이 분명히 있다. 하지만 고난에서 예외인 사람은 아무도 없다. 오히려 세상 사람들이 당하는 고난 위에 예수님을 믿기 때문에 당하는 고난이 덤으로 주어질지 모른다. 욥과 하박국의 외침이 무엇인가? '의인의 고난'이다. 심지어 예수님의 제자들은 주님의 말씀에 순종하여 디베랴 바다 건너편으로 가는 도중에 풍랑을 만났고, 예수님께서 배안에 함께 계셨는데도 큰 어려움을 당하기도 했다. 이러한 고난이 있을 때 우리는 그 고난이 사라지기만을 기도한다. 하지만 그 고난은 쉬이 사라지지 않는다. 왜냐하면 하나님께서는 자녀들이 고난을 당하지 않거나 피해가기를 원치 않으시고, 고난을 이겨내는 기도의 사람으로 변화되기를 원하시기 때문이다.

빌립보서 4장 6-7절 말씀을 보라. "아무 것도 염려하지 말고 오직 모든 일에 기도와 간구로, 너희 구할 것을 감사함으로 하나님께 아뢰라. 그리하면 모든 지각에 뛰어난 하나님의 평강이 그리스도 예수 안에서 너희 마음과 생각을 지키시리라." 하나님께서는 우리가 기도하면 염려 거리 자체를 없애 주시는 것이 아니라 그 염려 속에서도 초연할 수 있는 하늘의 평강을 주겠다고 약속하셨다.

나와 매우 절친한 한 목사님이 계시는데 누구보다도 교회와 성도들을 사랑하고 항상 앞장서서 헌신, 충성하시는 분이다. 그런데 몇 년 전에 2살 된 아이가 간암이라는 판정을 받았다. 그 나이 또래의 아기가 암에 걸릴 확률은 백만 분의 일 정도밖에 되지 않는다고 한다. 많은 성도들이 이 소식을 접하고 중보기도를 했지만 급기야 목사님의 간을 이식하는 대 수술을 하게 됐다. 아이는 평생 동안 하루 수십 차례 약을 먹어야 한다고 한다. 지금은 지방의 큰 교회에 담임목사님으로 가 계시는데 이전보다 더 왕성한 사역을 하고 계시는 모습을 얼마 전에 보고 왔다. 그 목사님을 통해 깨달은 바가 많다. 비록 아이의 병이 완치되지도 않아 지금도 투병중에 있고, 자신의 간까지 떼어 주는 아픔이 있었지만, 그 극심한 고난 중에서도 감사와 웃음을 잃지 않고 변함없이 충성하시는 목사님의 모습을 접할 때마다 절로 고개가 숙여진다. 목사님이 고난의 파도를 이겨낼 수 있었던 그 능력은 과연 어디서 왔을까? 나는 기도에서 왔다고 얘기하고 싶다. 함께 동역할 때 늘 철야기도의 자리를 끝까지 지키시는 모습이 아직도 생생하다.

경부고속도로를 타고 양재동 방면으로 가다보면 오른쪽에 규장문화사 건물이 있는데, 그 건물 옥상에 아주 인상적인 문구가 걸려 있다.

"왜 걱정하십니까? 기도할 수 있는데"라는 문구다. 그것을 볼 때마다 얼마나 큰 은혜를 받는지 모른다. "아 그렇지, 하나님께서 살아 계시고 내 기도를 듣고 계시는데 뭐가 걱정인가? 무엇을 염려하고 있는가? 기도하면 되겠구나!"라는 믿음이 불끈불끈 솟는다. 요즘도 가끔 차를 타고 그곳을 지나가면 가장 먼저 그 문구를 찾게 된다.

그렇다. 어려움과 고난을 당할 때 히스기야 왕 같이 곧 바로 하나님께 나아가는 것보다 더 확실한 해결책이 어디 있겠는가? 시편 기자는 이런 고백을 했다. "귀인들을 의지하지 말며 도울 힘이 없는 인생도 의지하지 말지니 그의 호흡이 끊어지면 흙으로 돌아가서 그 날에 그의 생각이 소멸하리로다. 야곱의 하나님을 자기 도움으로 삼으며 여호와 자기 하나님에게 자기의 소망을 두는 자는 복이 있도다"(시 146:3-5).

미얀마의 헌신적인 미국 선교사 아도니람 저드슨이 1812년에 그 당시 인도의 위대한 선교사 윌리엄 캐리를 방문했다. 저드슨은 캐리 선교사와 정원을 함께 거닐면서 "캐리 선교사의 헌신에 깊은 감동을 받았다"는 말을 했다. 캐리 선교사는 세 차례에 걸쳐 살해당할 뻔했고, 인도 정부의 갖은 선교 방해를 받았으며, 수고와 땀으로 이룩해 놓은 원고와 인쇄 도구들과 서류들이 거의 다 불타 버리는 화재를 경험하기도 했다. 저드슨은 캐리 선교사에게 어떻게 이러한 수많은 역경들을 견디고 다시 일어설 수 있었는지 물어보았다. 그러자 캐리 선교사는 저드슨을 안내하여 정원의 한 편 구석으로 데리고 갔다. 그리고는 말했다.

여기가 바로 나의 예배 장소이자 기도와 묵상의 자리입니다. 이 자리가 없었다면, 나는 계속해서 닥쳐오는 고난을 이겨내지 못했을 것입니다. 나는 매일 새벽 5시에 이 자리에 와서 하나님께 기도합니다. 그리고 하나님이 지으신 저 꽃들을 바라보며 묵상을 하고 이야기를 합니다. 그러고 나서 나는 6시경에 들어가 아침을 먹고 하루 일과를 시작합니다. 저녁이 되면 밥을 먹고 나서 손에 성경을 들고 다시 이 자리로 옵니다.

2007년 4월 18일에 터키에서 끔찍한 사건이 발생했다. 독일 선교사 한 분과 터키 현지 목사님 두 분이 무슬림들에 의해 무참하게 살해된 것이다. 그러한 상황 속에서 그분들의 가족과 주위 선교사님들이 부탁한 기도제목이 무엇이었는지 아는가? 그것은 다음과 같았다.

터키의 모든 개신교 교회들이 두려움의 영을 이기고 담대함으로 지금까지 하던 일을 계속함으로 주님을 기쁘시게 해드리길 원합니다. 목회자들과 성도들이 더욱 천국의 소망으로 사로잡히게 되길 원합니다. 주님이 허락하신 이 순교로 말미암아 터키에 부흥의 씨가 뿌려졌기에 거세게 부흥과 영적성숙의 역사가 일어나길 원합니다.

놀랍지 않은가? 그들의 기도제목이 "이 상황을 피하고, 빨리 본국으로 귀국하게 해달라"는 것이 아니라, 천국의 소망을 바라보면서 담대할 수 있게 해 달라는 것과 그 순교의 씨앗으로 말미암아 터키에 부흥의 바람이 불도록 기도하고 있다는 것이다. 이것이 바로 기도하는 백성, 하나님을 신뢰하는 백성의 당당한 모습일 것이다. 그들이야말로 죽음을 이긴 사람들이요, 세상이 감당치 못하는 사람들이다.

우리도 인생을 살다보면 누구나 한번쯤은 절체절명의 상황에 놓이게 된다. 어느 날 몸이 피곤해서 병원에 가보니 "암말기다. 3개월밖에 못 산다"는 청천벽력 같은 선고를 받을 수도 있다. 온 가족이 일심으로 예수를 잘 섬기는데 막내아들이 너무나 세속적이고 애를 먹일 수도 있다. 그리고 하루아침에 태풍으로 삶의 터전을 잃고, 한 해 농사가 허사로 돌아갈 수도 있다. 이처럼 우리는 예기치 않은 위기와 예고된 위기, 타인과 자신의 부주의에 의한 위기, 천재지변, 인재, 풍재, 한재에 의해서 어려운 고난을 만날 수가 있다. 그때 예수님께서 겟세마네 동산에서 하신 것과 같이 우리도 밤이 맞도록 기도하면 그 모든 고난을 거뜬히 뛰어 넘을 수 있는 힘과 용기를 주실 것을 확신한다.

"그리스도의 고난이 우리에게 넘친 것 같이 우리가 받는 위로도 그리스도로 말미암아 넘치는도다"(고후 1:5).

많은 일들로
분주할 때

　빌 하이빌스의 「너무 바빠서 기도합니다」라는 책을 기억하는가? 많은 사람들은 바쁘기 때문에 기도할 시간이 없다고 말하지만 실상은 그렇지 않다. 너무 많은 일들로 바빠 내 힘으로 그 많은 일들을 감당할 수 없기에 하나님께 도움을 청하는 것이다. 많은 일들로 바쁜데 기도조차 하지 않으면 어떻게 그 일들을 처리할 수 있겠는가? 바쁜데 기도조차 하지 않으면 결국 분주하기만 하고 아무 열매도 없게 될 것이 뻔하다.
　시간 관리학에서는 삶의 수많은 일들을 이렇게 네 가지로 구분한다고 한다. 중요하면서도 긴급한 것, 중요하지만 급하지 않은 것, 급하지만 중요하지 않은 것, 중요하지도 않고 급하지도 않은 것. 문제는 우리가 이런 삶의 우선순위를 구분할 능력이 없고 분주하게 뛰어 다니기만 하다가 일을 그르칠 경우가 많다는 것이다. 분주한 삶 속에서 우선순위를 정하고, 풍성한 열매를 맺기 위해서는 하나님의 지혜와 능력을 구하는 기도가 꼭 필요하다.
　내가 삼일교회에 처음 등록한 새가족들을 대상으로 교육할 때 꼭 당부하는 말이 있다. 우리 크리스천들이 직장과 캠퍼스 현장을 변화시켜야 하는데, 그러기 위해서는 아무리 바빠도 흘러넘치는 기도의 시간을 확보해야 한다는 것이다.

　삼일교회의 닉네임이 무엇인가? '젊은 교회' 다. 젊은 교회라는 말에는 두 가지 의미가 있다. 한 가지는 말 그대로 젊은 미혼 남녀들이 전 성도의 85퍼센트 이상을 차지할 정도로 젊은이들이 많다는 의미이고, 또 한 가지는 그 젊음의 열정을 가지고 쉬지 않고 바쁘게 사역하는 교회라는 뜻이다. 그래서 어떤 사람이 삼일교회 교인으로 등록한다는 것은 "이제부터 게으름 피우지 않고 열심히 뛰겠습니다, 헌신하겠습니다"라는 결단의 의미가 내포되어 있는 것이다. 적어도 삼일교회 성도라면 "나는 어디에도 소속되지도 않고, 아무 사역도 안 하고, 예배만 살짝 드리고 가겠다"는 안일한 생각을 버려야 한다. 삼일교회에 온 이상 교회와 하나님나라를 위한 거룩한 고생을 감수해야 한다는 것이다.

　실제로 삼일교회는 일 년에 열 차례 이상 단기 선교를 보내고 있다. 그리고 예배에 목숨을 거는 교회이기 때문에 삼일교회 직분자라면 주중 모든 공식적인 예배에 빠짐없이 참석해야 하고, 주말에도 쉴 새 없이 바쁘게 뛰어 다녀야만 한다. 특별히 삼일교회 간사들은 웬만한 목회자 이상의 시간을 교회에 투자해야 한다. 상황이 이렇기 때문에 성도들이 세상 사람들과 경쟁할 때 시간의 양으로는 상대가 되지 않는다. 우리는 손과 발을 묶고 뛰는 셈이다. 그래서 우리에게 필요한 것은 짧은 시간 내에 많은 일을 이뤄낼 수 있는 집중력과 하나님의 영감이다.

　창세기 41장 38절에서 바로 왕이 요셉을 보고 뭐라고 했는가? "바로가 그의 신하들에게 이르되 이와 같이 하나님의 영에 감동된 사람을 우리가 어찌 찾을 수 있으리요"라고 했다. 이와 같이 하나님의 성령이 우

▲ 모든 분주함을 내려놓고 청년들이 무릎을 꿇고 하나님께 나아간다

리 안에 역사하시면 다니엘과 같이 채식을 해도 육식한 사람들보다 윤택해질 수 있고, 세상의 박수와 술객보다 열 배의 지혜를 얻을 수가 있다. 우리 크리스천들에게 요셉과 다니엘에게 주셨던 '하나님의 신의 감동'이 필요한 것이다. 이러한 영감과 감동을 어디에서 얻을 수 있겠는가? 바로 기도의 자리에서다. 하루 세 번씩 예루살렘으로 향한 창문을 열어놓고 기도한 다니엘에게 하나님께서 하늘의 지혜를 주시지 않았는가. 그래서 삼일교회 성도들은 바쁘고 분주할수록 내 힘으로 세상과의 싸움에서 이길 수 없기에 밤을 새워 가며 하나님께 부르짖는 것이다.

링컨 대통령은 평소에 자주 이런 말을 했다고 한다. "나는 어려울 때마다 무릎을 꿇고 기도합니다. 나는 특별한 지혜가 없지만 기도하고 나면 특별한 지혜가 종종 머리에 떠오르곤 했습니다." 기도는 곧 영감의 보고다.

　누가복음 6장에 보면 예수님의 사역하시는 모습이 나온다. 예수님은 하루 일과가 얼마나 바쁘셨는지 식사할 겨를조차 없으셨다. 하지만 예수님은 이런 중에서도 따로 한적한 곳에 가서 기도하셨다. 왜 그렇게 하셨는가? 기도야말로 예수님의 능력과 사역의 원동력이었기 때문이다. 주님은 이것을 아셨기 때문에 아무리 바빠도 기도의 끈을 놓치지 않으셨다. 우리가 많은 일들로 심히 분주할 그때가 바로 더 기도하여 하나님의 능력을 구할 때임을 알자.

　"그들은 노기가 가득하여 예수를 어떻게 처치할까 하고 서로 의논하니라. 이 때에 예수께서 기도하시러 산으로 가사 밤이 새도록 하나님께 기도하시고"(눅 6:11-12).

불안과 두려움이
몰려올 때

"야곱은 홀로 남았더니 어떤 사람이 날이 새도록 야곱과 씨름하다가"(창 32:24).

살아가면서 누구나 여러 가지 크고 작은 두려움들을 경험한다. 초등학교 가을 운동회 100미터 달리기를 할 때 출발 총성이 울리기 직전의 그 긴장과 두려움, 대입학력고사 수학 시간에 1번부터 모르는 문제가 나와서 안 되겠다 싶어 맨 마지막 문제로 갔는데 그것조차 모르는 문제일 때의 그 당황스러움과 두려움, 군대에서 단체로 기합을 받는데 바로 앞 고참이 매를 맞고 쓰러졌을 때, 중병에 걸려 병원 수술대 위에 누웠을 때의 두려움 등.

그러면 지금 당신은 어떤 두려움을 느끼고 있는가? 내일에 대한 두려움인가? 직장을 옮기는 문제 때문에 생긴 두려움인가? 내 가정에 찾아온 알 수 없는 고난에 대한 두려움인가? 병원에서 절망적인 시간을 보내고 있는 내 가족 때문에 생긴 두려움인가?

어느 주간 잡지사에서 〈한국사회 불안감 조사〉라는 제목 아래 "당신은 얼마만큼 불안을 느끼십니까?"라고 물었다. 그러자 "많이 느낀다"라고 대답한 사람이 73퍼센트 "조금 느낀다"라고 대답한 사람은 20퍼센트가 넘었다고 한다. 열에 아홉은 다 두려움과 불안을 안고 산다는 말이다. 더 심각한 것은 그 가운데서 80퍼센트 이상의 사람들이 "작년보다 금년이 더 불안하다"라고 대답했다는 것이다. 이것은 시간이 흐를수록 우리 사회의 불안 지수가 높아진다는 이야기다.

"왜 그렇게 불안을 느낍니까?"라는 질문에는 "북핵 때문에 전쟁이 일어나지 않을까? 경제가 점점 나빠지지 않을까? 잦은 구조조정으로 직장을 잃지 않을까? 건강이 잘못되지 않을까?" 등이었다고 한다. 그리고 가장 많은 사람들이 불안의 요인으로 꼽은 것은 '교통사고'였다.

이러한 결과를 반영하듯 요즘 20대, 30대 젊은이들이 가장 많이 찾는 데가 점집이라고 한다. 점을 치는 운세문화는 사회가 불안할수록 점점 번창하고 퍼지는 경향이 있다. 불안하니까 점집에 가서 뭔가 기분 좋은 소리를 듣고 싶어 하는 것이다. 그만큼 우리는 불안과 공포가 짙게 깔려 있는 세상에 살고 있다.

제2차 세계대전 때 미국은 연합군의 일원으로 독일과 싸웠다. 그때 미군 13만 명이 전사했다. 그런데 미국 본토에서는 가족을 군에 보내놓고 불안해 하다가 200만 명이 심장마비로 죽었다고 한다. 공포로 죽은 사람이 총에 맞아 죽은 사람보다 7배나 많았다는 것이다. 불안과 공포가 이렇게 무서운 것이다.

또한 이 세상 사람들에게서 영원히 떠나지 않는 공포 한 가지가 있다. 그것은 죽음에 대한 공포다. 죽음에 대한 공포는 이길 방법이 도무지 없다. 아무리 의학이 발달하고 생명보험을 들어도 죽음에 대한 공포는 극복할 수 없다.

히스기야 왕을 보라. 어느 날 난데없이 선지자 이사야가 히스기야 왕을 찾아와 3일밖에 살지 못한다고 사형선고를 내렸다. 그때 히스기야는 하나님의 성전을 찾아가서 벽을 바라보고 통곡하며 기도했다. 하나님께서는 그 기도를 들으시고 생명을 15년이나 연장해 주셨다.

"히스기야가 얼굴을 벽으로 향하고 여호와께 기도하여 가로되 여호와여 구하오니 내가 주 앞에서 진실과 전심으로 행하며 주의 목전에서 선하게 행한 것을 기억하옵소서 하고 히스기야가 심히 통곡하니 이에 여호와의 말씀이 이사야에게 임하여 이르시되 너는 가서 히스기야에게 이르기를 네 조상 다윗의 하나님 여호와께서 이같이 말씀하시기를 내가 네 기도를 들었고 네 눈물을 보았노라 내가 네 수한에 십오 년을 더하고"(사 38:2-5).

이 사건이 주는 메시지는 무엇인가? 세상 사람들이 가장 두려워하는 죽음조차 기도 앞에서는 무력해질 수밖에 없다는 것이다. 히스기야 왕과 같이 기도로 죽음의 두려움도 이겨낸다면 어떤 두려움인들 이겨내지 못하겠는가? 기도라는 무기로 우리를 엄습하는 모든 불안과 두려움, 심지어 죽음의 공포까지도 이길 수 있다.

야곱은 얍복 나루에서 큰 두려움을 안고 천사와 씨름하며 날이 새도록 기도했다. 왜냐하면 형 에서가 400명의 군사를 거느리고 자신을 죽이려고 달려오고 있었기 때문이다. 이런 생사의 기로에서 야곱이 밤새 기도했을 때 하나님께서 에서의 마음을 부드럽게 해 주셔서 화해하게 하시고, 야곱을 이스라엘로 거듭나게 하셨다.

당신은 예수님의 기도하는 모습을 그린 성화를 많이 봤을 것이다. 그

그림에 나타난 예수님은 바위 앞에서 무릎을 꿇고, 두 손을 모으고, 얼굴은 하늘을 향한 채 너무나도 평화롭게 기도하는 모습이다. 그 그림이 예수님의 일상적인 기도의 모습이라면 이해가 간다. 하지만 십자가를 앞에 두고 겟세마네 동산에서 기도하시던 모습이라고 하면 선뜻 이해가 되지 않는다. 왜냐하면 겟세마네 동산에서 예수님께서 기도하는 모습을 성경은 이렇게 묘사하고 있기 때문이다. 마가는 "조금 나아가사 땅에 엎드리어" 기도하셨다고 했다. 마태는 예수님께서 "내 마음이 매우 고민하여 죽게 되었으니"라고 예수님께서 말씀하셨다고 했고, 누가는 "예수께서 힘쓰고 애써 더욱 간절히 기도하시니 땀이 땅에 떨어지는 핏방울같이 되더라"고 기록하고 있다. 이런 성경의 기록들은 예수님께서 겟세마네 동산에서 한가하고 평화롭게 기도하신 것이 아니라 오히려 처절하게 몸부림치면서 기도하셨음을 보여주고 있다.

예수님은 흙먼지가 일어나는 겟세마네 동산의 땅바닥에 엎드리셨다. 예수님의 손은 경련을 일으키며 풀뿌리를 쥐어뜯었을 것이다. 주님은 너무나 힘이 들고 괴로워서 일어났다 엎드리기를 여러 차례 반복하셨을 것이다. 주님의 입에서는 고통스런 신음소리가 저절로 흘러 나왔을 것이다. 아버지의 뜻을 물으면 물을수록 더 선명하게 보여 주셨던 그 십자가, 예수님은 그 십자가의 고통이 얼마나 크고 무시무시한 것인지를 너무나 잘 알고 계셨기 때문에 무거운 두려움으로 떨었을 것이다. 그래서 주님께서도 이렇게 기도하셨다. "가라사대 아버지여, 만일 아버지의 뜻이거든 이 잔을 내게서 옮기시옵소서"(눅 22:42).

할 수만 있다면 십자가를 피하고 싶은 심정이셨던 것이다. 이처럼 주님은 고통과 두려움 앞에서 솔직하셨다. 괜히 초연한 척, 아무렇지도 않은 척 가면을 쓰지 않으셨다. 이러한 주님의 모습이 우리에게 알려주는 바가 크다. 마찬가지로 우리에게도 두려움이 몰려올 때 두렵지 않은 척 웃을 필요가 없다. 하나님께 두려우면 두렵다고 말씀드리라. 두려움의 상황을 자세하게 말씀드려야 한다. 요즈음 인간관계가 힘들면 힘들다고 표현하라. 직장에서 내가 감당해야 할 프로젝트 때문에 밤잠을 설치고 있다면 그것도 말씀드리라. 혹시 병을 앓고 있다면, 가족이 특정 상황 속에서 힘들어하고 있다면 그것도 솔직하게 말씀드려야 한다. 무섭다고, 두렵다고, 고통스럽고, 눈물이 난다고 주님께 있는 그대로 고백해야 한다.

우리 주님은 우리의 두려움과 아픔과 고난과 절망을 물리치지 않는 분이시다. 히브리서 4장 15절 말씀을 보면 "우리에게 있는 대제사장은 우리의 연약함을 동정하지 못하실 이가 아니요 모든 일에 우리와 똑같이 시험을 받으신 이로되 죄는 없으시니라"고 했다. 예수님은 이 땅에 계실 때 우리가 지금 당하고 있는 두려움, 슬픔, 절망, 눈물을 다 겪어보신 분이시기에 우리의 두려움과 아픔을 다 이해하시고 공감하시고 이길 힘을 주신다. 이것이 우리에게 큰 위로다.

문제는 두려움 자체에 있는 것이 아니라 두려움이 왔을 때 어떻게 행동하느냐에 있다. 두려움이 내게 찾아왔을 때 가장 먼저 누구를 생각하고 누구를 찾았느냐가 중요하다. 우리 예수님은 십자가의 두려움이 찾아 왔을 때 그 두려움을 가지고 곧장 아버지께 갔다. 주님의 기도를 다시 들어보자. "이르시되 아버지여 만일 아버지의 뜻이거든 이 잔을 내게서 옮기시옵소서. 그러나 내 원대로 마옵시고 아버지의 원대로 되기를 원하나이다"(눅 22:42).

우리는 여기에서 주님의 두 가지의 마음을 읽을 수 있다. 하나는 두려워하는 마음이다. "아버지여 만일 아버지의 뜻이거든 이 잔을 내게서 옮기시옵소서." 주님은 두려움을 아무런 여과 없이 아버지께 솔직히 고백하셨다.

그러나 주님은 곧장 이렇게 기도하신다. "그러나 나의 원대로 마옵시고 아버지의 원대로 되기를 원하나이다." 두렵다고 말하면서도 그 두려움을 아버지께 맡기고 있다. 우리 주님이 두렵다는 고백을 맨 먼저 하나님 아버지께 했다는 것이 중요하다. 예수님은 어머니 마리아에게 이 소식을 가장 먼저 알릴 수도 있었을 것이다. 제자들에게 다 털어놓을 수도 있었을 것이다. 기도회를 소집할 수도 있었다. 그러나 그분은 가장 먼저 하나님 아버지를 찾았다.

두려움이 찾아올 때 우리는 어떻게 하는가? 예수님과 반대로 하지는 않는가. 두려움이 오면 가장 먼저 술집으로 달려가서 이 괴로움을 잊으려는 사람도 있을 것이다. 카운슬러를 찾아가서 상담을 요청하기도 한다. 두려움을 없애주고 자신감을 키워주는 책을 사는 사람도 있을 것이다. 아니면 절친한 친구를 만나 내 사정을 이야기하기도 한다. 그러나 두려움을 고백하는 예수님의 목소리를 맨 처음에 들었던 분은 하늘에 계신 아버지였다는 것을 기억하라. 지금도 하나님께서는 우리의 두려움의 고백을 가장 먼저 듣기 원하신다. 우리 예수님은 치가 떨리는 두려움 속에서 아버지를 바라보았기 때문에 그 두려움을 이길 수 있었다.

하나님 아버지는 십자가를 치워 주시지는 않았지만 주님 안에 있었던 두려움을 거두어 가셨다. 그래서 히브리서 기자는 우리에게 또 한번 똑같은 말씀을 한다. "믿음의 주요 온전케 하시는 이인 예수를 바라보자" (히 12:2).

우리들 역시 그 주님을 바라볼 수 있다면 오늘 내 안에 있는 두려움과 부끄러움과 슬픔이 변하여 기쁨과 영광이 될 줄 믿는다.

우리는 지금 각자 자신만의 삶의 겟세마네 동산에 있는지도 모른다. 그러나 그 겟세마네 동산을 피하지 말라. 그 동산으로 들어가라. 그 동산에 머무는 동안에는 땅바닥을 쳐도 괜찮다. 눈물을 흘려도 좋다. 울부짖어도 좋다. 그러고 나서 이 세상의 모든 짐을 다 짊어지고 힘겨워 하기 보다는 세상과 우주를 지배하시는 그분에게 모든 짐을 맡겨라. 주님의 지팡이와 막대기를 바라보라. 나보다 앞서 그곳에서 피땀을 흘리신 분이 계심을 잊지 마라. 눈물의 골짜기에 나 혼자가 아님을 기억하라. 그러면 그 두려움을 능히 이기고도 남을 능력을 위로부터 부어 주시리라 확신한다.

지금 여러 가지 시험과 환란, 질병과 고통이 나를 불안하게 하고 두렵게 하는가? 밤새워 기도해 보라. 얍복 나루의 기적을 맛보게 될 것이다. 그리고 하나님께서 나를 존귀한 이스라엘로 변화시켜 주실 것이다.

"내 영혼아 네가 어찌하여 낙망하며 어찌하여 내 속에서 불안해 하는가 너는 하나님께 소망을 두라 그가 나타나 도우심으로 말미암아 내가 여전히 찬송하리로다" (시 42:5).

간절한 소원이
있을 때

"하물며 하나님께서 그 밤낮 부르짖는 택하신 자들의 원한을 풀어 주지 아니하시겠느냐 그들에게 오래 참으시겠느냐?"(눅 18:7)

여기서 '원한'이란 어떤 사람에 대한 악감을 품고 있는 것이라기보다는 '마음에 한이 맺힐 정도로 간절한 기도제목'을 가지고 있는 상태라고 보면 될 것이다. 누구에게나 이런 간절한 소원이 한 가지 이상은 있을 것이다. 그것이 자녀문제일 수도 있고, 가족구원일 수도 있고, 물질문제일 수도 있고, 영적인 문제, 질병의 문제일 수도 있다. 그때 하나님께서 우리에게 요구하시는 기도는 누가복음 18장에 나오는 과부처럼 밤낮으로 부르짖는 것이다. 하나님께서는 그러한 자의 소원을 속히 들어 주겠다고 약속하신다.

목장 식구들을 심방해 보면 몇 가지 공통적인 기도제목이 있다. 그것은 '자녀결혼, 취업, 사업축복, 가족구원'이다. 이것은 어느 가정에서나 항상 가지고 있는 기도제목일 것이다. 목장 식구들과 함께 기도하다가도 어떤 날은 "언제 이 기도제목들이 응답될까?" 하고 답답함과 조바심이 나기도 한다. 그런데 목장 식구들이 모일 때마다 그 기도제목을 가지고 계속 기도하고, 특별히 철야기도회에 나와서 한 가지 기도제목을 놓고 30분, 한 시간씩 기도하다 보면 기도 응답의 확신이 생기고, 시간이 좀 지나면 나도 모르는 사이에 그 기도제목들이 응답되어 있는 것을 보게 된다. 나는 목장 식구들에게 "기도는 돼지 저금통에 동전을 모으는 것과 같다"고 자주 얘기한다. 돼지 저금통에 10원, 50원, 100원, 크게는 500원짜리 동전을 넣는다. 그런데 몇 달이 지나 그 동전을 세어 보면 제법 큰돈이 되어 있다. 우리의 기도도 마찬가지다. 큰 문제 앞에서 나의 기도가 동전과 같이 너무 보잘 것 없게 보이는 때가 있다. 하지만 이런 나의 작은 기도들이 쌓이고 쌓이면 큰 능력과 응답으로 나타난다.

하나님은 우리가 간절한 소원을 가지고 그분께 나아갈 때 우리를 벼랑 끝으로 내모시거나 "어떻게 하면 최대한 늦게 응답을 줄까?" 고심하시는 구두쇠가 아니다. 마태복음 7장 11절에 뭐라고 말씀하셨는가? "너희가 악한 자라도 좋은 것으로 자식에게 줄 줄 알거든 하물며 하늘에 계신 너희 아버지께서 구하는 자에게 좋은 것으로 주시지 않겠느냐?" 하나님께서는 그의 자녀들에게 어떻게 하면 가장 좋은 것으로, 가장 유익한 것으로, 최상의 것으로 주실까 깊이 고민하는 좋으신 분이라는 말씀이다. 이 사랑의 아버지 앞에 밤새워 기도하면서 당신의 소원을 아뢰어 보지 않겠는가?

하나님께서 나를 사랑하셔서 내 기도를 듣고 계시고 욕심으로 구하는 것이 아닌 이상 내 소원을 다 이루어주기를 원하신다는 믿음만 있다면 기도만큼 신나고 기쁘고 즐거운 일이 어디 있겠는가? 내 모든 소원과 속마음을 그렇게 경청해 줄 분이 주님 외에 세상에 어디 있겠는가? 사람들 보기에는 유치한 기도제목과 소원일지라도 절대로 무시하지 아니하시는 주님께 날마다 나아가자. 당신이 바라는 것을 혼자만 간직하고 있으면 단순히 개인의 희망사항으로 끝나지만, 그것을 하나님께 아뢰는 순간 현실로 이루어지는 소망이 될 것이다.

"그들이 평온함을 말미암아 기뻐하는 중에 여호와께서 그들이 바라는 항구로 인도하시는도다"(시 107:30).

chapter 05

응답 받기 원한다면 이렇게 기도하라

우리의 기도가 방해받지 않고 하나님의 응답을 받는 성공적인 기도가 되기 위해서는 잡생각이 들어올 틈이 없도록 간절히 전심을 다해 부르짖어야 한다.

- 사랑으로 기도하라
- 회개하며 기도하라
- 외식을 버리고 기도하라
- 꾸준히 기도하라
- 하나님의 성전을 찾아가서 기도하라
- 믿음의 기도를 드리라
- 하나님의 마음에 합한 기도를 드리라
- 성령을 구하는 기도를 드리라
- 부르짖어 기도하라

사랑으로
기도하라

　구약에서 기도응답의 표본을 하나 들라면 솔로몬의 기도를 들 수 있다. 솔로몬은 달라는 기도만 하지 않았다. 그의 기도는 하나님을 사랑하기에 드린 기도였다. 솔로몬이 하나님을 사랑한다는 두가지 증거가 있다. 첫째는 일천번제를 드린 것이고, 또 하나는 하나님의 법도를 성실히 지킨 것이다.
　"솔로몬이 여호와를 사랑하고 그 아버지 다윗의 법도를 행하였으나 오히려 산당에서 제사하며 분향하더라 이에 왕이 제사하러 기브온으로 가니 거기는 산당이 큼이라 솔로몬이 그 단에 일천 번제를 드렸더니"(왕상 3:3-4).
　성경 전체에서 하나님께 일천번제를 드린 사람은 솔로몬 한 명뿐이다. 번제란 소나 양을 죽여 그 피를 제단 사면에 뿌리고 내장을 다 긁어내고 불에 태워 드릴 때, 하나님이 흠향하시는 제사다. 번제를 드릴 때는 보통 한 마리를 드리고 특별한 경우에는 열세 마리까지 드리는 일은 있어도 솔로몬같이 1천 마리를 한꺼번에 드린 사람은 없었다. 솔로몬이 양을 1천 마리나 잡아서 제사를 드렸다는 것은 하나님을 극진히 사랑했기 때문이다.

어쩌면 주위 사람들은 솔로몬이 너무 오버한다고, 제물이 너무 아깝다고 수군거렸을지 모르는 일이다. 그러나 솔로몬은 하나님께 대한 정성과 사랑이 너무나 지극했기 때문에 그런 오해나 수군거림쯤은 다 극복할 수 있었다. 사랑하면 남들이 깜짝 놀랄 정도로 오버하게 되고 과도하게 드리게 된다. 일천번제는 하나님께 대한 사랑의 표현이었다.

영적인 것과 물질적인 것은 절대로 무관하지 않다. 그가 물질을 어떻게 얼마만큼 하나님께 드리는지 보면 하나님에 대한 그의 애정을 평가할 수 있다.

욥은 얼마나 하나님을 사랑했던지 하루 아침에 열 명의 자녀가 다 죽고 그 많던 재산이 다 날아갔는데도 하나님이 주셨다가 가져가셨다고 원망하거나 불평하지 않았다.

많은 사람들은 예수님을 이용하려고 하지 사랑하려고 하지 않는다. 예수님을 이용하여 귀신을 쫓아내고 병 고침을 받으려고 하고, 복 받으려고 하고, 행복을 추구하려고 하고, 자녀의 번영만을 바란다. 제자들도 예수님을 이용하여 높은 자리에 올라 보려고 했다. 그런 제자들이 배신하여 떠나자 예수님께서는 그들을 찾아가셔서 "네가 나를 사랑하느냐?"고 그들의 사랑을 확인하셨다. 그리고 그 사랑의 힘으로 제자들을 순교의 자리까지 가게 하셨다. 우리가 예수님을 사랑하지 않는다면 교회 다니는 것이 힘이 들고, 기도하다가 지친다. 사역을 지속하지 못하며 예수님 전하기를 부끄러워한다.

기독교가 다른 종교와 근본적으로 다른 점은 예수님과의 사랑의 관계를 제일 중요하게 생각한다는 것이다. 거기에서 자원함이 생기고, 기쁨과 자유함이 생기고, 헌신과 희생이 나온다. 하지만 다른 종교는 교주나 신앙의 대상에게 일방적으로 복을 구한다. 받으면 그것으로 끝이다. 일종의 거래관계와 같다. 그리고 그 종교에서 요구하는 선행의 수준만 도달하면 된다. 거기에 사랑의 관계가 없기 때문에 일은 열심히 해도 자유함이니 참 기쁨이니 하는 것은 찾아볼 수가 없다. 그들은 사랑의 관계를 그리 중요하게 생각하지 않는 것이다.

당신은 예수님의 이름을 이용하여 복만을 구하는가? 아니면 그분을 사랑하는 맘으로 기도하는가?

"예수께서 가라사대 네 마음을 다하고 목숨을 다하고 뜻을 다하여 주너의 하나님을 사랑하라 하셨으니"(마 22:37).

회개하며
기도하라

다니엘서 6장에 보면 다니엘이 왕의 사랑과 신임을 받게 되자 왕을 에워싸고 있던 측근 대신들의 질투가 시작되었다. 그리고 다니엘을 죽일 방법을 찾고 있었다. 그러나 제아무리 뒷조사를 해도 다니엘에게서 도덕적 결점을 찾아낼 수가 없었다. 뇌물을 받은 일도, 정치자금을 받은 일도, 떡값을 챙긴 일도, 게이트에 관련된 일도 없었다. 여기에서 우리는 다니엘이 신앙인으로서의 자기관리가 얼마나 철저했는지 알 수 있다. 이렇게 다니엘은 도덕적으로 윤리적으로 신앙적으로 큰 죄를 범한 일이 없었다. 그러나 그는 하나님 앞에 엎드릴 때마다 "나는 죄인입니다, 나는 허물투성이입니다, 나는 의인이 아닙니다"라고 자신을 죄인으로 드러내며 회개했다. 그렇다! 우리가 아무리 스스로 의인이라고 자부해도 하나님의 현미경 앞에서는 죄의 세균이 드러날 수밖에 없음을 알아야 한다.

그래서 이사야는 성전에서 만군의 여호와 하나님의 영광 앞에서 이렇게 회개하면서 기도했다. "그때에 내가 말하되 화로다 나여 망하게 되었도다 나는 입술이 부정한 사람이요 나는 입술이 부정한 백성 중에 거주하면서 만군의 여호와이신 왕을 뵈었음이로다"(사 6:5).

이 세상의 모든 문제 해결과 축복은 나의 회개 기도로부터 시작된다. 내가 회개할 때 가정과 교회도 회복될 것이다. 나라와 민족이 바뀌는 일도 나의 회개로부터 시작되어야 한다. "내 탓입니다"라고 해야 희망이 있지 "저 사람 탓입니다"라고 하면 절망뿐이다. 이제는 정치인 탓, 리더 탓, 배우자 탓만 하지 말고 내가 작은 리더라는 의식을 가지고 내 탓부터 해야 한다. 남을 탓하면 문제 해결도 없고 축복도 없다.

회개는 회복을 부른다. 내가 회개할 때 내가 속한 공동체에 놀라운 회복의 역사가 일어나게 될 것이다. 이사야는 회개 없는 응답이 없음을 이렇게 말해 주고 있다. "너희가 손을 펼 때에 내가 내 눈을 너희에게서 가리고 너희가 많이 기도할 지라도 내가 듣지 아니 하리니 이는 너희 손에 피가 가득함이라"(사 1:15).

하나님께 크게 쓰임 받은 사람들의 공통된 특징이 있다. 그것은 그의 생애에 크게 한번 뒤집어지는 죄에 대한 '통회자복'이 있었다는 것이다. 시편에 나타난 다윗의 죄에 대한 애통함을 보라. 그런 애통함과 회개가 있는 사람을 하나님께서 쓰신다.

우리에게 하나님의 성령이 임하면 제일 먼저 느끼는 감정이 무엇인 줄 아는가? "내가 지금까지 얼마나 착하게 살아왔는가? 내가 얼마나 의인인가?"가 아니다. 도리어 "내가 하나님 앞에서 얼마나 더러운 죄인인가?"를 깨닫고 회개하게 된다. 그러므로 우리 신앙의 출발점은 "나는 주님 앞에서 죽을 죄인입니다"라고 회개하는 것이다. 자신이 죄인임을 깨닫고 회개하는 자는 이미 천국에 한 발을 내디딘 것이다. 요한일서 1장 8-10절에 보면 이런 말씀이 있다.

"만일 우리가 죄가 없다고 말하면 스스로 속이고 또 진리가 우리 속에 있지 아니할 것이요 만일 우리가 우리 죄를 자백하면 그는 미쁘시고 의로우사 우리 죄를 사하시며 우리를 모든 불의에서 깨끗하게 하실 것이요 만일 우리가 범죄하지 아니하였다 하면 하나님을 거짓말하는 이로 만드는 것이니 또한 그의 말씀이 우리 속에 있지 아니하니라."

그래서 참회록은 극악무도한 죄인이 쓰는 것이 아니고, 어거스틴 같은 당대의 성자들이 쓰는 것이다. 하나님을 가까이 하면 할수록 자신의 죄인됨을 더욱 깊이 깨닫는 것이다.

어떤 교회에서는 "한 번 회개하면 회개할 필요가 없다"고 한다. 그들은 "당신은 의인입니까? 죄인입니까?"를 물어봐서 "죄인이다" 그러면 "구원 못 받았다"고 한다. 정말 그러한가? 물론 우리가 한번 회개하고 주님을 영접하면 과거, 현재, 미래의 죄가 용서되어 구원을 받는다. 원죄가 용서받는 것이다. 이것은 단회적인 사건이다. 이것을 성경에서는 '목욕한 자'라고 부른다. 그러나 실제의 삶은 어떠한가? 구원 받았지만 매일 매일 죄를 짓는다. 그러므로 우리에게는 매일의 반복적인 회개가 필요하다. 목욕을 했지만, 매일 매일 손 씻는 작업이 필요한 것이다. 이것은 구원을 위한 회개라기보다는 '성화를 위한 회개'라고 할 수 있다. 이미 구원을 이루었지만 또한 두렵고 떨림으로 회개를 통해 구원을 이루어가야 하는 것이다. 우리가 한번 구원을 받았다고 매일 매일 짓는 죄를 회개하지 않으면 어떻게 되겠는가? 기도의 문이 막힌다. 심령에 평안이 없다. 하나님의 능력을 경험하지 못할 것이다. 그래서 엄밀히 따져서 우리는 신분상으로는 의인이지만, 실제 삶에 있어서는 죄인이다. 그들의 말장난과 잘못된 교리에 빠져서는 안 된다.

　이 세상의 모든 문제 해결과 축복은 나의 회개 기도로부터 시작된다. 내가 회개할 때 가정과 교회도 회복될 것이다. 나라와 민족이 바뀌는 일도 나의 회개로부터 시작되어야 한다.

　"그러므로 내가 스스로 거두어들이고 티끌과 재 가운데서 회개하나이다"(욥 42:6).

외식을 버리고
기도하라

우리는 기도할 때 체면과 격식을 차리고 사람을 의식하지 않아야 한다. 기도는 하나님과 대화하는 것이지 사람 들으라고 하는 것이 아니기 때문이다. 특별히 기도할 때 웅변조와 설교조와 비난조와 미사여구를 삼가야 한다. 예를 들어 아빠가 퇴근 후 집에 들어갔는데 딸이 품에 안기면서 이렇게 말한다고 가정해 보라. 딸은 문법도 맞지 않게 말한다. "아빠! 다녀오셨습니다." 그러면서 바로 이렇게 말한다. "아빠, 인형 하나 사다 주세요."

그런데 아이들이 이렇게 말한다고 생각해 보라. "저를 낳아주시고 이제까지 수고로이 길러주셨던 아버님! 기체만강 하시고, 교회사역에 변고는 없으셨는지요? 아버님이 교회에 계실 때 복모구구(伏慕區區)의 심정으로 아버님을 기다렸사옵니다. 이제 소녀가 인형이 갖고 싶어서 아버님께 청원을 드리오니 가납하여 주소서." 만약 아이들이 그렇게 말하면 얼마나 징그럽겠는가? 우리는 하나님께 기도하면서 미사여구로 하나님을 부담스럽게 만들면 안 된다. 때로는 문법이 틀리고 때로는 아주 서툴더라도 단순하게 간절한 마음을 담아 기도하면 하나님께서는 그 진실한 고백을 오히려 기뻐하신다.

기도에 목숨을 걸라

어떤 분은 기도로 남의 심금을 울리려고 한다. "오! 전능하신 하나님! 이제 여름도 끝자락을 보이고 천고마비의 계절이 왔습니다. 이때 구르몽 시인이 읊었던 낙엽 밟는 소리가 귓가에 들리는 듯한데 이제 그 낙엽 밟는 소리가 찬송 소리가 되어 하나님의 심금을 울리게 하소서!"

그런 식으로 기도하면 문학청년의 심금은 울려도 하나님의 심금은 울리지 못한다. 기도는 외식을 버리고 단순하고 간절하게 해야 한다.

예수님께서는 마태복음 6장 말씀에서 잘못된 기도가 무엇인지, 또 참된 기도가 무엇인지를 잘 가르쳐 주고 계신다. 유대인들은 조상 때부터 지금까지 아홉 시, 열두 시, 세 시 이렇게 하루 세 번을 기도시간으로 정해놓고 그 시간이 되면 하던 일을 멈추고 기도한다. 사람들이 가장 붐비는 예루살렘 거리의 풍경을 한번 상상해 보라. 열두 시 기도시간 종소리가 울리자 많은 사람들이 가던 길을 멈추고 잠깐 머리를 숙이고 기도한다. 경건하다고 소문이 나 있던 바리새인들, 서기관들도 사람들 중에 섞여서 기도한다. 그러면 옆에 있던 사람들이 바리새인들을 보고 수군거린다.

"아, 저 경건한 바리새인들 좀 봐!"

바리새인들은 기도하면서 그런 소리를 듣는다. 그리고 그들은 직감적으로 자기가 사람들로부터 존경의 대상이 되고 있다는 것을 안다. 그러면 그냥 손을 내릴 수가 없다. 사람들 보라고 일부러 더 시간을 끌면서 기도한다. 이렇게 칭찬의 맛을 알게 되면 어떤 서기관들이나 바리새인들은 일부러 기도시간이 되면 사람들이 많이 다니는 시장 바닥이나 회당거리로 찾아가서 요란법석을 떨면서 기도한다. 이게 바로 외식하

▲ 기도로 새벽을 깨우고 있는 청년들

는 기도요, 사람에게 보이려고 하는 기도다.

어떤 목사님은 새벽기도를 마치고 강대상에서 내려가지를 못하고 계속 성도들 눈치만 힐끔힐끔 본다고 한다. 왜냐하면 목사가 평신도보다 먼저 기도를 끝내고 내려가면 안 된다는 생각을 갖고 있기 때문이다. 성도들보다 먼저 기도하고 일어나면 성도들이 자신을 얕본다는 것이다. 그래서 성도들이 한 사람도 남김 없이 다 없어질 때까지 서바이벌 게임을 벌인다. 누가 이기나 보자 하면서 마귀와 영적 전쟁을 벌이는 것이 아니라 평신도와 경쟁을 벌인다. 그 평신도가 소리치면 같이 소리치고 방언으로 기도하면 더 유창한 방언으로 기도한다. 이게 하나님 앞에서 기도하는 것인가? 아니다. 사람에게 보이려고 기도하는 것이다.

이것이 남의 이야기인가? 어떤 성도는 혼자서는 죽어도 기도 안 하면서 사람들이 있는 곳에서는 유달리 길게 기도하는 분이 있다. 특별히 식사 기도는 짧을수록 은혜로운 법인데 그렇게 오래 할 수가 없다. 내가 아는 어떤 집사님은 우리 집에 와서 식사 기도를 10분가량 하는 것을 보았다. 기도가 끝나고 나니 음식에 침 다 튀기고 밥, 국이 다 식어버렸다. 그야말로 식사 기도 중심의 기도생활이다.

왜 그렇게 도를 넘어 길게 기도하는가? 사람을 의식하기 때문이다. 길게 기도하면 경건하게 보이고 믿음이 좋아 보이기 때문이다. 이런 기도를 하나님께서 멸시하신다.

우리 기도의 대상이 사람이 아니라 오직 하나님 한 분이시라는 것을 안다면 우리의 기도는 하나님 앞에서 더욱 진실하고, 명확하고, 단순하고, 힘 있을 것이다.

"너희는 기도할 때에 외식하는 자와 같이 하지 말라 그들은 사람에게 보이려고 회당과 큰 거리 어귀에 서서 기도하기를 좋아하느니라 내가 진실로 너희에게 이르노니 그들은 자기 상을 이미 받았느니라"(마 6:5).

꾸준히
기도하라

　기도 가운데 시간을 정해 놓고 드리는 기도는 가장 많은 마음과 정성이 들어간다. 왜냐하면 기도 시간을 지키기 위해 언제나 그것을 생각하고 있어야 하기 때문이다. 사도행전 2장에도 베드로와 요한은 구시 기도 시간에 기도하러 가다가 앉은뱅이를 일으키는 기적을 이루었고, 고넬료도 매일 시간을 정하고 기도하다가 이방인 최초로 가족 구원의 역사를 이루었다.

　운동도 마찬가지고 어학도 마찬가지고 기도도 마찬가지다. 산발적으로 생각날 때마다 하면 열매가 없다. 조금씩이라도 매일 꾸준히 정해진 시간에 할 때 열매와 능력이 나타난다. 기도도 평소에 습관이 되어야 위기의 때에 당황하지 않고 무릎을 꿇을 수 있다.

　내가 아는 검도사범이 있다. 그 친구는 칼로 신문지나 볏짚을 자른다. 그래서 물어봤다. "얼마나 자르는 연습을 해야 그렇게 벨 수 있냐?" 나는 몇십 번 정도 연습하면 되겠구나 생각했는데 그 친구 말이 만 번은 베는 연습을 해야 한다고 했다. 그리고 매일 칼을 간다고 했다. 탁구신동 유승민도 경기를 앞두고 매일 탁구공을 2만 개씩은 친다고 했다.

　우리의 기도생활도 그러해야 한다. 시시각각으로 다가오는 불같은 시험을 이기고, 마귀의 궤계를 성령의 검으로 단번에 베기 위해서는 매일 꾸준한 기도생활을 통한 기도의 체득화가 필요하다.

많은 젊은이들이 예수님을 처음 만나고는 불 같은 뜨거움을 가지고 신앙생활을 시작한다. 누가 보면 순교도 할 것 같다. 그런데 결혼을 하거나, 어려움을 당하면 예배의 자리에 보이지 않는 경우가 많다. 왜 그런가? 굳건한 믿음이라는 것은 하루아침에 생기는 것이 아니기 때문이다. 꾸준한 기도의 훈련과 연단 끝에 주어지는 것이다.

물론 어쩌다가 기도하는 것이 안 하는 것보다야 낫다. 하지만 간헐적으로 드리는 기도는 기도가 응답되어도 응답되었는지 모른다. 자기가 기도해 놓고도 기도제목을 잊어버리기 때문이다. 그러나 정기적인 기도에는 큰 응답이 있고 하나님께서 응답하셨음을 확실히 알게 된다.

입학 때만 되면 기도하는 어머니가 있다. 진급 때만 되면 기도하는 군인 가족들도 있다. 병이 들어야 비로소 기도하는 성도도 있다. 그러나 기도는 항상 해야 하는 것이다. 정기적인 소제 시간이 있어야 한다.

다니엘서 6장에 나오는 다니엘을 보라. 사자 굴에 들어가는 위기 속에서도 '전에 행하던 대로' 기도하고 있다. 이것이 다니엘을 능력 있게 만든 비결이었다. 다니엘은 대단한 사람이다. 털어서 먼지 안 나는 사람이 없다고 하지만 다니엘은 아무리 털어도 먼지가 안 나는 사람이었다. 바벨론 방백과 총리들이 아무리 따라다니면서 흠을 잡으려고 해도 공적인 생활이나 사적인 생활 모든 면에서 허물이 없었다고 말씀하고 있다.

"이에 총리들과 고관들이 국사에 대하여 다니엘을 고발할 근거를 찾고자 하였으나 능히 아무 근거, 아무 허물도 찾지 못하였으니 이는 그가 충성되어 아무 그릇됨도 없고 아무 허물도 없음이었더라"(단 6:4). 이러한 사실은 다니엘의 탁월하고 철저한 행정 수완능력을 단적으로 증명해준다.

그런 다니엘이 여호와께 기도한다는 죄 아닌 죄로 사자 굴에 갇히고 말았다. 내 얘기가 아니니까 별 부담 없이 받아들이지만 이런 일을 내가 겪는다고 생각해 보라. 하나님과 사람 앞에서 떳떳하게 살았는데 누명을 쓰고 내일 모레 사형집행을 당하게 되었다. 그래도 감사할 수 있는가? 그래도 매일 하던 대로 새벽기도 나오고 수요예배 나올 수 있겠는가? 아마도 생을 정리한다 그러면서 여행을 떠나든지 어떻게 하면 이 위기를 빠져나갈까 궁리할지도 모르는 일이다. 그런데 다니엘은 죽음을 앞두고 감사한다.

다니엘의 이 귀한 지혜와 감사의 능력이 어디로부터 흘러 나왔을까? 그것은 이미 포로로 잡혀오기 전부터 오랫동안 드려왔던 정기적인 기도시간을 통해서다. 우리가 기억해야 할 것은 다니엘은 사자 굴에 들어가는 상황이 닥쳐서야 비로소 기도한 것이 아니라는 점이다. 그는 포로로 있을 때도, 잘 나가는 총리로 있을 때도 하루 세 번씩 기도의 시간을 꾸준히 가졌다.

다니엘의 기도 통장에는 많은 기도가 쌓여 있었다. 그 사람은 항상 능력의 원천이신 하나님과 연결되어 있기 때문에 기도의 수도꼭지만 틀면 하나님의 능력이 쏟아져 나왔다. 그는 평소에 하나님과 교통하고 신뢰관계 가운데 있었기 때문에 고난의 시기에도 하나님께 별 어려움 없이 달려 나갈 수 있었던 것이다.

엘리야가 갈멜산에서 바알 선지자들과 대결하는 이야기는 성경 전체에서도 가장 드라마틱한 장면 중 하나다. 바알 선지자들이 먼저 기도했지만 응답이 없었다. 엘리야가 기도할 차례가 되었다. 엘리야는 흙 위에 열두 돌을 세웠다. 그 위에 나무와 송아지를 잡아 놓고 물 열두 통을 부었다. 그리고 저녁 소제시간까지 기다렸다. 저녁 소제시간은 해가 지자마자 이스라엘 백성들이 기도하는 시간이었다. 지금도 유대인들은 해가 지면 즉시 '합달라 예식'이라고 하여 기도시간을 갖는다고 한다. 모세부터 이어온 전통이다. 엘리야는 바로 이 정기적인 기도시간에 기도했던 것이다. 그때 기적이 일어났다. 성경은 이렇게 말한다.

"저녁 소제 드릴 때에 이르러 선지자 엘리야가 나아가서 말하되 아브라함과 이삭과 이스라엘의 하나님 여호와여 주께서 이스라엘 중에서 하나님이신 것과 내가 주의 종인 것과 내가 주의 말씀대로 이 모든 일을 행하는 것을 오늘 알게 하옵소서 여호와여 내게 응답하옵소서 내게 응답하옵소서 이 백성으로 주 여호와는 하나님이신 것과 주는 그들의 마음을 되돌이키심을 알게 하옵소서 하매 이에 여호와의 불이 내려서 번제물과 나무와 돌과 흙을 태우고 또 도랑의 물을 핥은지라"(왕상 18:36-38).

하나님의 성전을 찾아가서
기도하라

    이사야서 36-37장에는 히스기야 왕이 즉위한 지 14년만에 앗수르라는 무서운 강대국이 18만 5천 명의 대군을 거느리고 이스라엘을 쳐들어 왔다는 기사가 나온다. 이때 히스기야 왕은 어찌할 수 없는 위기 상황에 처하게 된다. 특별히 앗수르의 군대장관 랍사게가 하나님을 모욕하며, 최후 통첩장까지 보냈을 때 히스기야는 견딜 수 없는 수모와 고통을 느낀다. 우리도 인생을 살다보면 이런 위기 상황에 봉착할 때가 있다. 예기치 않은 위기와 예고된 위기, 타인과 자신의 부주의에 의한 위기 또는 천재지변, 인재, 풍재, 한재에 의한 이런 저런 위기 상황 말이다. 우리가 이러한 위기를 만났을 때 그것을 어떻게 극복할 수 있는가?
    전시에 적에게 포위를 당하더라도 무선으로 본부와 교신할 수 있다면 살 길이 있다. 본부에 무전으로 지원을 요청하면 강력한 화력으로 지원사격을 하든지 특수부대를 투입하든지 해서 적을 쳐부수거나 구출받을 수 있다. 그러나 본부와 교신이 끊겨서 지원이 안 되면 그것으로 끝장나는 것이다.
    성도에게 영적 본부는 어디인가? 바로 하나님의 성전이다. 우리가 위기를 만났을 때 하나님의 성전을 찾아가 하나님께 위기 상황을 아뢰면

기도에 목숨을 걸라

하나님의 영적 지원사격을 받을 수 있다. 그러면 승리는 문제없다. 하나님의 성전에 가면 예배를 통한 거룩한 회복이 있고, 기도의 동역자들이 있고, 강력한 하나님의 말씀의 지원사격이 있기 때문에 영적 전쟁에서 승리할 수 있다. 그래서 시편 기자는 "주의 궁정에서 한 날이 다른 곳에서의 천 날보다 나은즉"이라고 고백했다.

반대로 위기를 만났을 때 영적 본부인 하나님의 성전을 찾지 않고 자기 힘으로 위기를 극복하려고 한다면 어떻게 될까? 힘이 소진될 즈음에 자신의 능력보다 더 강력한 적들이 쳐들어온다면 넘어질 수밖에 없다.

오늘날 하나님께서는 어디에든지 계시지만 특별히 하나님의 성전은 하나님의 백성들이 가장 가까이서 하나님을 만날 수 있는 정해진 처소다. 역대하에 보면 솔로몬이 성전을 건축하고 너무 감격스러워서 두 손을 높이 들고 하나님께 기도하는 장면이 나온다.

"만일 이 땅에 기근이나 전염병이 있거나 곡식이 시들거나 깜부기가 나거나 메뚜기나 황충이 나거나 적국이 와서 성읍을 에워싸거나 무슨 재앙이나 무슨 질병이 있거나를 막론하고 한 사람이나 혹 주의 온 백성 이스라엘이 다 각각 자기의 마음에 재앙과 고통을 깨닫고 이 성전을 향하여 손을 펴고 무슨 기도나 무슨 간구를 하거든 주는 계신 곳 하늘에서 들으시며 사유하시되 각 사람의 마음을 아시오니 그 모든 행위대로 갚으시옵소서"(대하 6:28-30).

하나님의 백성들이 하나님의 성전에 삶의 모든 문제를 가지고 나가서 아뢰면 해결 받을 수 있다. 당신도 지금 예기치 않은 삶의 위기를 만났는가? 아니면 불의의 사고나 천재지변을 만나지 않을까 두려움에 떨고 있지는 않은가? 하나님의 성전을 찾아가라. 하나님께서는 그분의 성전에서 우리를 만나주시고 회복시켜 주실 것이라고 약속하셨다.

이 땅에 아무리 많은 빌딩과 위락, 복지 시설을 지어도 그곳에 인생의 보장이 있는 것이 아니다. 역사를 통해 증명된 것은 하나님의 성전이 세워진 곳의 양식과 물에는 하나님의 저주가 내리지 않았다는 것이다. 하나님께서 한국 땅을 사랑하시는 이유는 수많은 성전에서 성도들이 하나님을 바라보기 때문이다.

"주께서 택하시고 가까이 오게 하사 주의 뜰에 거하게 하신 사람은 복이 있나이다 우리가 주의 집 곧 주의 성전의 아름다움으로 만족하리이다"(시 65:4).

믿음의 기도를
드리라

서울의 어느 교회 강대상 위에는 흙이 놓여 있다고 한다. 그리고 그 밑에 이렇게 적혀 있다고 한다. "하나님! 이 땅을 우리 교회에 주십시오." 그 교회는 강대상 위에 흙을 올려놓고 건축할 땅을 달라고 기도하는 참 무서운 믿음을 가진 교회다. 이렇게 믿고 기도하는 자에게 응답이 있다. 야고보는 말하고 있다.

"오직 믿음으로 구하고 조금도 의심하지 말라 의심하는 자는 마치 바람에 밀려 요동하는 바다 물결 같으니 이런 사람은 무엇이든지 주께 얻기를 생각하지 말라. 두 마음을 품어 모든 일에 정함이 없는 자로다"(약 1:6-8).

다른 게 죄가 아니라 하나님을 믿지 못하는 것이 가장 큰 죄요, 그 죄가 기도의 문을 막고 있다는 사실을 알아야 한다.

이스라엘 백성들이 광야에서 물 문제에 부딪친 경우가 몇 번 있었다. 한 번은 르비딤에서였다. 하나님께서는 반석을 쳐서 물을 내라고 명하셨다(출 17장). 그래서 모세는 반석을 두 번 쳤다. 물이 나와서 마셨다. 그 후 38년이 지났다. 신광야 가데스에 왔을 때 또 물 문제에 부딪치게 되었다. 하나님께 물을 달라고 기도했다. 하나님은 반석에게 명하여 물을 내라고 명령하셨다. 그러나 모세는 의심했다. 반석 앞에서 "반석아! 물을 내라"고 명한다고 물이 나올 것 같지가 않았다. 그래서 반석을 지팡이로 쳤다. 물이 나왔다. 그러나 모세는 하나님의 말씀을 따르지 않고 38년 전의 경험을 따랐다. 하나님께서 이때 모세와 아론에게 이렇게 말씀하셨다.

"너희가 나를 믿지 아니하고 이스라엘 자손의 목전에 나의 거룩함을 나타내지 아니한 고로 너희는 이 회중을 내가 그들에게 준 땅으로 인도하여 들이지 못하리라"(민 20:12).

모세와 아론의 가장 큰 소원은 가나안 땅에 들어가는 것이었다. 그러나 하나님을 믿지 못함으로 하나님의 명령을 따르지 않고 가데스에서 반석을 쳤다. 이 불신앙의 모습 때문에 결국 모세는 가나안 땅에 들어가지 못했다. 이 불신은 즉각적으로 아론의 죽음으로 이어졌다(민 20:24). 하나님을 믿지 못하는 불신앙이 이렇게 무서운 것이다.

우리 주위를 보면 이단들이 오히려 진리를 가진 우리보다 더 큰 확신을 가지고 뛰어다니는 것 같다. 오늘날 성도들이 하나님과 성경에 대해 확신이 없으면 이단이 그 믿음을 다 가져간다. 우리 성도들이 종말에 대한 확신이 없을 때에 종말론을 시한부 종말론자들이 가져갔다. 성령론에 대한 확신이 없을 때에 귀신파가 성령론을 가져갔다. 그래서 성도들이 진리에 대해 확신이 없으면 이단들이 마치 자기들이 진리인양 행세하는 것이다. 신앙은 곧 확신이다. 성도라면 확신 있는 신앙을 갖고, 확신 있는 기도를 해야 하며 그때 마귀가 우리의 믿음을 넘보지 못한다는 것이다.

기도에 목숨을 걸라

베드로전서 3장 15절에 이런 말씀이 있다.

"너희 마음에 그리스도를 주로 삼아 거룩하게 하고 너희 속에 있는 소망에 관한 이유를 묻는 자에게는 대답할 것을 항상 준비하되 온유와 두려움으로 하고."

누가 "너 왜 예수 믿니?"라고 물어보면 머뭇거리지 말고 받은 증거들을 확실하게 보여 주라는 것이다.

우리가 신앙생활 할 때, 기도할 때 가장 중요한 것은 무엇인가? 확신과 믿음이다. 살아 계신 하나님에 대한 확신을 갖고 기도할 때 그 믿음대로 응답이 주어지고, 승리가 주어진다.

우리가 믿는 하나님은 말 못하고 응답 못하는 우상이 아니라 살아 계신 하나님이라는 확신, 그 살아 계신 하나님께서 지금 우리들의 기도를 들으시고 우리의 기도에 응답하신다는 확신을 가지고 기도의 줄을 힘차게 당길 때 우리는 영적인 싸움에서 승리할 수 있다.

"믿음이 없이는 하나님을 기쁘시게 못하나니 하나님께 나아가는 자는 반드시 그가 계신 것과 또한 그가 자기를 찾는 자들에게 상 주시는 이심을 믿어야 할지니라"(히 11:6).

하나님의 마음에 합한
기도를 드리라

솔로몬은 일천 번제를 드린 후, 소원이 무엇이냐고 묻는 하나님께 부를 구하지 않았다. 장수를 구하지도 않았다. 원수의 생명을 멸하여 달라는 기도도 하지 않았다. 솔로몬은 정치를 잘하게 지혜를 달라고 기도했다. 솔로몬의 이 기도가 하나님 마음에 합하였다. 하나님의 마음을 헤아리는 기도, 하나님을 기쁘시게 하는 기도였던 것이다. 그러자 하나님께서는 흥분하셔서 지혜뿐만 아니라 부와 영광까지 주시고 심지어 "너의 전에도 너와 같은 자가 없었거니와 너의 후에도 너와 같은 자가 일어남이 없으리라"고 약속하셨다. 하나님의 약속으로 솔로몬 이후 사람들 중에는 솔로몬보다 지혜로운 사람이 나올 수 없게 되었다.

솔로몬의 이런 기도가 얼마나 하나님을 기쁘시게 했는지 알 수 있다. 우리는 이 기도의 비결을 배워야 한다. 그냥 달라고 떼쓰는 것이 아니라 하나님의 마음을 흡족하게 하는 것이 가장 빠른 기도응답의 비결이요, 축복받는 비결이라는 것이다.

많은 성도들이 기도할 때 우선 자기 마음의 소원과 욕심을 이루어 달라고 기도한다. 거머리처럼 "다오, 다오"만 하는 기도를 한다는 것이다(잠 30:15-16). 정욕으로 쓰려고 구하는 이런 기도는 하나님이 응답해 주시지 않으신다(약 4:3). 우리가 하나님의 뜻에 합한 기도를 드릴 때 그 기도는 하나님을 기쁘시게 하는 것이 될 것이다. 내 뜻을 관철시키는 기도보다는 하나님의 마음을 기쁘시게 하는 기도, 하나님의 마음에 합한 기도, 하나님의 뜻을 먼저 추구하는 기도를 드릴 때 거기에 참된 축복과 기도응답이 있는 것이다.

심방을 해보면 가정마다 기도제목이 많다. 그런데 그 기도제목이 몇 년이 되어도 응답되지 않는 것을 본다. 그렇게 기도하는데도 응답이 없는 것은 하나님을 기쁘시게 하는 헌신 없이 달라고만 하기 때문이다. 철야, 새벽예배 평생 안 나온다. 선교는 꿈도 못 꾼다. 십일조는 가뭄에 콩 나듯이 한다. 직장에서는 예수 믿는 것을 부끄러워한다. 그의 헌신은 10, 20밖에 안 되는데 100을 달라고 하니까 안 되는 것이다. 그의 생활이 하나님을 기쁘시게 하지 못하고 있는 것이다. 그 기도 가운데 하나님의 뜻은 안중에도 없고 당장 내 뜻만 있다.

빌립보서 4장 19절에 보면 "나의 하나님이 그리스도 예수 안에서 영광 가운데 그 풍성한 대로 너희 모든 쓸 것을 채우시리라"고 했다. 주님께서는 우리의 모든 쓸 것을 풍성히 채우기를 원하신다. 그런데 조건이 있다. '영광 가운데'이다. 내 기도가 하나님의 영광을 드러내는 기도인가 하는 것이다. 하나님의 뜻을 추구하고 하나님의 마음을 흡족하게 하는 기도인가 하는 것이다. "그를 향하여 우리의 가진 바 담대함이 이것이니 그의 뜻대로 무엇을 구하면 들으심이라"(요일 5:14). 당신의 기도는 하나님의 뜻을 헤아리는 기도인가? 아니면 오로지 내 마음만 만족시키는 기도인가?

기도할 때 자신의 유익을 위해서만 기도하지 말고, 남을 돕고 하나님 나라를 위해 헌신하겠다는 사명감을 가지고 기도해야 한다. 탈무드에는 "땀이 없으면 도적질을 하는 것과 같다"는 교훈이 있다. 우리말에도 땀을 흘리지 않는 사람을 '불한당(不汗黨)'이라고 했다. 우리는 하나님의 일을 멋지게 해내겠다는 거룩한 비전을 가지고 기도해야 한다. 그런 헌신과 사명으로 사는 성도를 하나님께서 기뻐하시고 축복하신다. 하나님은 우리가 기도하는 것도 원하시지만 우리의 삶에서 남을 생각하는 기도의 향기가 나타나기를 더 원하신다. 그래야 하나님께서 "너는 정말 기도하는 사람답구나!" 라고 생각하시고 축복의 문을 열어주실 것이다.

「마음을 열어주는 101가지 이야기」에 나오는 얘기다. 그 책의 공동 저자 가운데 한명인 댄 클라크는 10대 때 아버지와 함께 서커스 구경을 갔다. 마침 그들 앞에는 8명의 자녀를 거느린 부부가 줄을 서 있었다. 드디어 차례가 되어 그 부부가 매표소에 입장료를 물어보는데 곧 남자의 얼굴이 절망적인 얼굴로 바뀌었다. 가족 모두가 보기에 돈이 모자랐던 것이다.

그때 저자의 아버지는 말없이 20달러 지폐를 바닥에 떨어뜨렸다. 그리고 곧 그것을 다시 주워들고 남자의 어깨를 두드리며 말했다.

"여보세요. 당신 호주머니에서 이것이 떨어졌소."

남자는 곧 낌새를 알아채고 그 돈을 받고 눈물을 글썽이며 조용히 말했다. "고맙습니다. 저희 가족에게 잊지 못할 선물입니다."

곧 그 모든 식구들은 서커스장으로 들어갔고, 저자 가족은 돈이 없어서 서커스장에서 돌아섰다. 그 날 10대였던 그는 서커스를 구경하지 못했지만 마음은 행복으로 가득 찼다. 그 후에도 아버지의 20달러에 대한 기억은 계속 저자의 머리에 좋은 영상으로 남아 따뜻한 마음을 갖게 했고, 그 마음을 가지고 여러 가지 따뜻한 이야기를 빚어냄으로 저자는 훗날 20달러의 백만 배가 되는 2천만 달러 이상의 돈을 벌게 되었다고 한다.

한나는 엘가나와 결혼했지만 18년 동안 아이를 낳지 못했다. 그래서 엘가나는 브닌나를 둘째 아내로 맞아서 아들을 낳게 된다. 그후 브닌나는 한나를 핍박한다. 그때 한나는 이렇게 기도했다. "서원하여 가로되 만군의 여호와여 만일 주의 여종의 고통을 돌아보시고 나를 생각하시고 주의 여종을 잊지 아니하시고 아들을 주시면 내가 그의 평생에 그를 여호와께 드리고 삭도를 그 머리에 대지 아니하겠나이다"(삼상 1:11).

이 헌신의 기도가 하나님의 마음에 합했고 응답으로 이끌었다. 지금 당신에게 혹시 오랫동안 응답이 막혀 있는 기도제목이 있는가? 그렇다면 혹시 내가 드리는 기도가 하나님께 헌신할 목적으로 드리는 기도인가 자문해 봐야 할 것이다.

기도할 때 "달라!"는 기도만 하지 말고 "내가 어떻게 사랑을 실천할 수 있을까? 어떻게 더 많이 선교하고 더 많이 교회를 위해 헌신할까?"를 생각하고 사랑과 헌신을 실천하며 기도해야 한다. 헌신하는 삶을 사는 사람에게서 나오는 기도소리는 아름다운 영혼의 메아리가 되어 자신의 영혼을 살지게 하고, 언젠가는 큰 축복의 열매가 되어 자신의 품에 안기게 될 것이다.

성령을 구하는
기도를 드리라

누가복음 11장 13절에 보면 "너희가 악할지라도 좋은 것을 자식에게 줄 줄 알거든 하물며 너희 하늘 아버지께서 구하는 자에게 성령을 주시지 않겠느냐 하시니라"라는 말씀이 있다. 우리는 다른 것을 구할 것이 아니라 성령 충만을 구해야 한다. 성령을 주신다는 것은 하나님이 나와 함께 하신다는 것이다. 하나님께서 나와 함께하신다는 임마누엘의 약속보다 더 큰 기도의 응답이 없다.

복싱경기를 할 때 해설자가 가장 많이 사용하는 멘트가 있다. 그것은 '공격이 최고의 방어' 라는 것이다. 그리고 "가만히 있지 말고 잽을 계속 뻗어라"는 것이다. 신앙생활도 마찬가지로 가만히 있으면 마귀의 공격이 그치지 않는다. 마귀의 공격을 무산시키는 최고의 방법은 앉아서 기다리는 신앙생활이 아니라 우리가 먼저 공격적이고 적극적인 신앙생활을 하는 것이다.

에베소서 6장에 보면 하나님의 전신갑주가 나온다. '진리의 허리띠, 구원의 투구, 의의 흉배, 복음의 신발, 믿음의 방패' 가 나온다. 다 방어용 무기인데, 공격용 무기 하나가 있다. 그것은 바로 '성령의 검' 이다. 이것이 무슨 뜻인가? 우리가 성령 충만할 때 비로소 공격적이고 적극적

▲ 온 마음을 다해 찬양하고 있는 아름다운 모습

인 신앙생활을 할 수 있고, 영적인 전쟁에서 승리할 수 있다는 것이다.

하나님께 크게 쓰임 받은 사람들을 보면 영적 야성을 지닌 사람들이 많았다. 영적 야성을 지녔다는 것을 다른 말로 하면 가슴에 '성령의 불덩이'가 있는 사람이라고 할 수 있다. 냉랭한 가슴을 가지고는 아무것도 이룰 수가 없다. 엘리야 같이 성령의 불을 가슴에 안고 하나님을 위해 자신을 내던졌던 사람들이 하나님 나라의 큰 일꾼으로 쓰임 받았다는 사실을 명심하라. 당신도 위로부터 내려오는 성령의 불을 구하여 마귀와의 영적 전쟁에서 승리하는 십자가의 군병이 되기를 바란다.

"술 취하지 말라 이는 방탕한 것이니 오직 성령으로 충만함을 받으라"(엡 5:18).

부르짖어 기도하라

우리는 꼭 소리 내어 기도해야 하는가? 반드시 그런 것은 아니다. 그러나 성경에서 우리는 '부르짖으라'는 말을 256번 찾아 볼 수 있다. 성경의 대부분의 기도는 간절히 부르짖는 기도였다. 왜 부르짖어 기도해야만 하는가? 마귀는 우리의 마음속에 들어와 기도에 집중하지 못하게 방해하기 때문이다. 마귀는 가룟 유다의 마음에 예수님을 팔려는 생각을 집어넣어 배반케 하고 결국 유다를 자살하고 망하게 만들었다(눅 22:3, 요 13:2). 그러므로 우리의 기도가 방해받지 않고 하나님의 응답을 받는 성공적인 기도가 되기 위해서는 잡생각이 들어올 틈이 없도록 간절히 전심을 다해 부르짖어야 한다.

한 맺힌 사람은 소리를 지르지 말라고 해도 소리를 칠 수밖에 없다. 마태복음 15장에 나오는 가나안 여인은 제자들이 시끄럽다고 쫓아 보내버리려고 했으나 계속 따라오며 소리쳐 주님을 불렀다. 왜냐하면 흉악한 귀신들린 딸 때문에 한 맺힌 여인이었기 때문이다. 아무리 점잖은 사람이라도 다급하고 위급하고 절박한 일을 당하면 소리를 치게 되어 있다.

마태복음 20장에 보면 두 명의 맹인 거지가 나온다. 아무 소망도 없이 살아가는 그들에게 어느 날 예수님께서 그곳을 지나가신다는 소식이 들려왔다. 그때 그들이 할 수 있었던 유일한 일은 부르짖는 것이었다.

"다윗의 자손이여 우리를 불쌍히 여기소서!"

체면도 이성도 지성도 필요없었다. 소리를 질렀다. 주변 사람들이 그들에게 와서 잠잠하라고 했지만 소용없었다. 예수님이 돌아보실 때까지 부르짖었다. 예수님이 돌아보셨다. 그리고 물으셨다.

"네가 무엇을 해주기를 원하느냐?"

"보기를 원하나이다."

주님은 그들에게 기적을 보여 주셨다. 우리의 삶에도 이런 모습이 있어야 한다. 부르짖음이 있어야 한다. 우리를 얽어매고 있는 죄악의 사슬들, 시험의 사슬들을 깨뜨리는 부르짖음이 있어야 한다. 내 안에 있는 문제와 아픔을 하나님 앞에 내어놓고 부르짖어야 한다. 우리 교회의 부족한 부분을 내어놓고 부르짖어야 한다. 이 나라, 이 민족의 못난 부분, 상처 난 부분을 비판만 할 것이 아니라 하나님 앞에 들고 나와서 가슴 아파하며 부르짖어야 한다.

기도의 사람 조지 뮬러는 "기도하는 사람을 하나님은 내버려 두지 않으신다"고 했다. 성경을 보더라도 하나님께 간절히 부르짖고 기도한 사람을 하나님께서는 절대로 외면하지 않으시고 만나주셨음을 알 수 있다.

여름 휴가철 해변에 가면 인명구조대원이 있다. 어떤 사람이 이렇게 물었다고 한다. "해변은 시끄럽습니다. 재잘거리는 소리, 웃음소리, 고

함소리가 뒤섞여 시끄러운데 당신은 어떻게 물에 빠져 살려달라고 외치는 소리를 들을 수 있습니까?" 그의 대답은 이렇다. "물에 빠진 사람이 외쳐대는 소리와 떠드는 소리는 같지 않습니다. 뛰놀며 휘젓는 손과 물에 빠진 사람이 휘젓는 손 모습은 같지 않습니다. 저는 물에 빠진 사람의 고함소리와 손놀림을 정확하게 듣고 볼 수 있습니다."

하나님도 세상의 수많은 시끄러운 소리 중에 나의 부르짖는 소리를 들으신다. 고통 중에 휘젓는 나의 손놀림과 아우성을 보고 들으신다는 것이다. 막 걸음마를 시작한 아기가 혼자 돌아다니는 것 같이 보여도 그 주위에 항상 엄마가 촉각을 곤두세우고 지켜보고 있는 것과 같이 하나님께서 우리를 그렇게 지켜보고 계신다.

불교에도 기도가 있고, 회교에도 기도가 있고, 무당종교에도 기도가 있다. 그러나 그것들과 우리 성도의 기도가 다른 점이 있다면 우리는 기도를 들으시고 응답하시는 하나님이 실존하시고 현존하신다는 것이다. 지금 마호멧, 석가, 공자가 살아 있는가? 역사상 "내가 하나님이다"라고 외친 사람 중에 살아 있는 사람이 있는가? 앞으로 영원히 살 사람이 있는가? 다른 종교의 기도는 이렇게 허무한 대상에게 드리는 기도지만, 성도의 기도는 살아 계신 하나님이라는 너무나 확실한 기도의 대상이 있다는 사실이다.

예레미야 33장 3절에 보면 우리에게 "부르짖으라!"고 한다. 부르짖는다는 것은 소리를 내어 상대편이 듣도록 하라는 것이다. 간절히 힘을 다해 기도하라는 것이다. 하나님이 도와주시지 않으면 안 된다는 절박한 심령으로 기도하라는 것이다.

기도에 목숨을 걸라

어떤 성도는 혼자서 기도할 때도 체면 차리고 고상한 용어를 사용하려고 한다. 그러나 우리가 하나님 앞에 기도할 때는 체면 차릴 필요가 없다. 고상한 용어를 사용하지 않아도 된다. "아이고 죽겠습니다. 살려주십시오. 불쌍히 여겨 주십시오"라고 하면 된다.

마태복음 8장에 보면 제자들이 배를 타고 가다가 풍랑을 만난다. 그 때 뭐라고 외치는가? "주여 구원하소서. 우리가 죽겠나이다"라고 했다. 우리의 기도가 이렇게 절박하고 진솔해야 된다는 것이다.

우는 아이에게 젖을 물리듯이 부르짖는 자에게 결국 크고 비밀한 일을 보이신다는 것을 믿으라. 이 간단한 기도의 원리만 붙잡아도 우리의 인생을 승리로 이끌 수가 있다.

"하물며 하나님께서 그 밤낮 부르짖는 택하신 자들의 원한을 풀어주지 아니하시겠느냐? 그들에게 오래 참으시겠느냐? 내가 너희에게 이르노니 속히 그 원한을 풀어주시리라"(눅 18:7).

"너는 내게 부르짖으라 내가 네게 응답하겠고 네가 알지 못하는 크고 은밀한 일을 네게 보이리라"(렘 33:3).

(3부)

삼일교회
철야 부흥기

chapter 06

금요일 밤 11시, 부흥은 시작된다

지금도 많은 교회에서 삼일교회에 탐방을 오거나, 부흥에 대하여 문의를 한다. 나는 그때마다 한마디로 요약해 말씀드린다. "삼일교회 부흥의 원동력은 기도에 있습니다. 삼일교회는 기도로 부흥한 교회입니다."

- 기도 없이는 부흥도 없다
- 기도의 심장이 뛰게 만들라
- 고속성장을 맛보는 법
- 삼일교회의 원동력, 부르짖음
- 끝장 보는 기도를 드리라

기도 없이는
부흥도 없다

　교회 성장과 부흥은 교인들이나 목회자의 소원만이 아니다. 하나님의 간절한 소원이고 열망이다. 지금도 성부 하나님은 천 년을 하루같이 한 영혼이라도 더 구원받기를 기다리고 계신다. 성자 예수님은 그 고귀한 피값을 치르시고 이 땅 위에 교회를 세우셨다. 또한 성령님은 오늘도 여전히 전 세계 복음이 선포되는 모든 곳에서 영혼을 변화시키고 부흥의 불길을 일으키고 계신다. 이렇게 부흥은 확실한 하나님의 뜻이기 때문에 기도하는 땅에 하나님께서 큰 부흥을 주실 것을 믿고 기도해야 한다. 하나님께서 원하시는 그 일을 위해 우리가 기도하는데 하나님께서 응답해 주시지 않겠는가? 부흥을 위해 우리가 할 수 있는 한 가지 일은 부흥을 위해 기도하는 것이다.
　부흥이란 두 가지 개념이 있다. 먼저는 수적인 성장이다. 수적으로 일단 성장해야 부흥이라고 할 수 있다. 숫자적으로 성장한다는 것은 그만큼 많이 전도했다는 뜻이다. 사도행전의 부흥의 역사를 보라. 뭐라고 했는가? "주께서 구원받는 사람을 날마다 더하게 하시니라"(행 2:47).
　또 한 가지 부흥의 개념은 '영향력'이다. 교인수도 중요하지만 그 사람들이 사회 곳곳에 침투해서 그리스도인으로 얼마나 희생하고 헌신하고 봉사하느냐 하는 것이 부흥의 척도인 것이다. 교회가 수적으로는 성장했는데 맛 잃은 소금 같은 교인들을 배출해 낸다면 그것이 어찌 참된 부흥이라고 할 수 있겠는가?

팀 사역을 해보면 한 가지를 놓치는 경우가 많다. 팀원 숫자는 많은데 헌신하고 희생하는 자리에 아무도 나서지 않는 팀이 있다. 팀원의 숫자가 많으면 그만큼 헌신자가 많이 나와야 진정한 부흥이다. 또 어떤 팀은 헌신하고 희생하는 자리에는 발 벗고 나서는데 1년이 지나도 전도가 안되는 팀이 있다. 영혼 살리라고 한 팀으로 묶어 주셨는데 전도를 통한 수적인 성장이 없으면 그것도 진정한 부흥이라고 할 수 없다.

부흥하는 교회의 가장 현저한 특징 두 가지가 있다. 첫 번째 특징은 담임목사님의 설교가 은혜롭다는 점이다. 이 점에 있어서 예외인 교회는 거의 없을 것이다. "우리 교회 목사님 설교는 죽 쑤는데 사람들이 몰려든다. 예배 시간에 우리 목사님 설교가 불면증을 치료할 정도로 수면제 역할을 하는데 큰 부흥이 일어났다." 그런 교회는 거의 존재하지 않는다.

지금 한국에서 큰 부흥이 일어나는 교회를 한번 떠올려 보라. 그 교회들의 특징이 무엇인가? 일단 목사님의 설교가 살아 있고 은혜롭다는 점이다. "우리 목사님은 인격이 훌륭하다. 우리 교회는 가족 같은 분위기다. 우리 교회는 구제를 많이 한다." 이런 것들도 물론 중요하지만 교회 부흥의 가장 중요한 요건 가운데 하나는 살아 있는 말씀의 선포다. 많은 교회들이 이 부분을 알고는 있으나 잊고 있거나 놓치는 경우가 많다. 오히려 이 본질적인 사역에 집중하기보다는 각종 프로그램에 얽매여 있는 경우가 많다. 문제는 말씀의 부흥이다. 교회가 부흥하지 못하는 한 가지 이유는 설교자가 말씀으로 성도들에게 은혜를 끼치지 못하기 때문이다. 교회가 부흥하려면 일단 강단에서 선포되는 말씀이 성도들에게 은혜를 끼쳐야 한다. 일단 성도들의 가슴에 말씀의 불이 붙어야 인격이 변화되고, 부흥도 되고, 헌신하고, 다른 모든 사역이 가능하다.

두 번째 부흥하는 교회의 특징이 있다면 그것은 바로 기도가 뜨겁다는 것이다. 삼일교회 초창기 때 이야기다. 지금은 삼일교회 리더, 간사가 천 명에 육박하지만, 처음에 간사와 리더가 30명도 안 되던 때가 있었다. 그때는 유치부실이 쪼개진 나무 바닥이었고, 기도하다 보면 쥐들도 가끔씩 기도회에 동참하곤 했다. 그때는 비전만 컸지 실제로 젊은이들이 많이 모이지는 않았다. 그러나 토요일만 되면 부흥을 달라고 몇 시간이고 합심해서 기도했다. 모였다 하면 한두 시간씩 기도했고 그것도 모자라 본당에 남아서 기도하던 리더, 간사들도 많았다. 그 결과 매년 배가 성장을 이룬 것 같다. 삼일교회는 조직이나 프로그램으로 부흥된 교회가 아니다. 그렇다고 유별난 기도의 사람이 있는 것도 아니지만 매일 드리는 새벽기도, 철야기도, 특별새벽기도가 삼일교회를 지금까지 이끌고 있다고 믿는다.

기도 없이 부흥했다는 교회를 본 적이 있는가? 우리가 잘 아는 1907년 평양 대부흥도 기도로 시작되었다. 그때의 기록을 잠시 살펴보자.

1906년 12월 26일 수요일, 장대현교회에는 은혜를 사모하는 이들로 가득 찼다. 강사인 길선주 장로는 이 민족을 살리는 원동력은 성령 충만이라고 전했다. 이에 큰 도전을 받은 사람들은 그냥 돌아갈 수가 없었다. 수백 명의 사람들이 '밤이 새도록' 간절히 기도했다. 기도회가 계속되자 간증이 이곳저곳에서 터져 나왔고, 사람들은 눈물로 회개하기 시작했다. 셋째 날 저녁집회 때의 일이다. 설교가 계속되는데, 갑자기 한 사내가 울부짖으며 일어났다.

"선생님, 나를 살려주십시오."

그의 이마에는 땀이 흐르고 눈에는 구슬 같은 눈물이 흘러내렸다. 그는 순포, 즉 경찰이었다. 그는 장대현교회에서 사람들이 온갖 죄악들을 다 자복한다는 이야기를 듣고 범죄자들을 잡아 실적을 올릴 음흉한 생각으로 저녁집회에 참석했던 것이다. 그 경찰의 회개와 고백 후 성령의 역사가 마치 불길에 기름을 붓는 것처럼 맹렬한 기세로 일어났다. 교회는 온통 회개와 눈물 바다가 되었다. 그 성령의 역사는 마지막 날 집회까지 이어졌고, 이 소식은 평양뿐 아니라 전국 곳곳으로 퍼져나갔다. 회중이 교회를 떠나려고 하지 않아 수백 명이 교회에서 살다시피 했다. 그리고 새벽기도회에서 저녁집회까지 집회마다 만원이었다. 평양 대부흥은 그렇게 무르익어 갔다.

이뿐만 아니라 18, 19세기 영국과 미국을 휩쓸었던 대각성 부흥운동의 근저에도 수많은 기도의 그룹들이 있었다고 한다. 심지어 초등학생들도 정오에 국기게양대 아래에 모여 기도했다고 한다. "기도 없이는 부흥도 없다"는 말은 만고불변의 진리인 것 같다.

전병욱 목사님께서 자주 하시는 말씀이 있다. "목회자가 새벽기도를 마치고 집에 가지 않고 강대상에서 12시까지만 기도하면 어떻게든 부흥한다." 실제로 전목사님께서 삼일교회에 처음 부임하셨을 때 그렇게 기도하셨다. 수년 전에 삼일교회 출신 목사님이 담임목사님으로 계시는 경산에 있는 한 교회에 다녀왔다. 그분은 삼일교회 출신답게 새벽기도 이후에 12시까지는 아니더라도 세 시간 이상은 성도들과 교회의 부흥을 위해 기도한다고 했다. 곧 큰 부흥이 있으리라 믿는다.

수영로교회 정필도 목사님은 신학교 시절에 교회를 개척했는데, 매일 눈물로 밤을 지새우면서 기도했더니 졸업할 즈음에는 수백 명으로 부흥했다고 한다. 그의 고백을 들어보자.

신학교 2학년 때 갑작스레 맡게 된 개척교회 사역으로 나는 하나님 앞에 울 수밖에 없었다. 무엇보다 말씀을 달라고, 그 양들을 먹일 말씀을 달라고 하나님 앞에서 울었다. 그러던 어느 날, 대구에서 오신 기도대장 집사님께서 이런 말씀을 하셨다.

"전도사님, 예배당에 교인들이 꽉 차기를 바라십니까?"

나는 눈을 크게 뜨고 대답했다.

"아이구, 그걸 말씀이라고 하세요? 당연히 꽉 차기를 바라지요."

그러자 그분은 이렇게 말씀했다.

"눈물이, 기도의 눈물이 여기에 차야 예배당이 찬답니다. 교인들을 채우는 게 그렇게 힘든 거랍니다."

그 말씀에 나는 속으로 이런 생각부터 들었다.

'아이고 참, 집사님도 이상한 말씀을 하시네. 평생 운다고 해서 그 눈

물이 예배당을 다 채울 수야 있나?'

그런데 이상한 일이었다. 시간이 흘러도 집사님의 그 말씀이 내 머릿속을 떠나지 않았다. 머릿속을 떠나지 않는 걸 보니 주님이 주시는 말씀이라는 생각에 그날 밤부터 바로 '철야기도'를 시작했다. 나는 강단 앞에서 울기 시작했다.

"될 수 있으면 많이 울면서 기도해야지."

이 결심을 한 나는 콧물, 눈물, 흘릴 수 있는 물이라는 물은 다 흘리며 기도했다. 그렇게 한참 기도한 후에 90도 정도 돌아앉아서 또 울면서 기도했다. 강단에 내 기도 눈물을 다 채우고 싶어서였다. 창문 쪽으로도 돌아앉고 회중 쪽으로도 돌아앉으며 '밤이 새도록' 기도했다. 다른 날은 또 다른 곳에 앉아서 기도했다.

"하나님, 우리 이 예배당 꽉 차게 해 주십시오."

그 기도 제목을 갖고 한 바퀴 돌며 '밤이 새도록' 기도했다. 집사님의 말씀대로 기도의 눈물이 채워져야 예배당이 채워진다면 내 기도 눈물이 부족해서 예배당이 비는 일은 없어야겠다고 생각해서였을까? 울며 기도해야겠다고 생각한 만큼 기도할 때마다 신기하게도 눈물이 쏟아졌다. 그런데 정말 놀라운 일이 벌어졌다. 개척목회한 지 3개월만에 105명이 모여 더 이상 그 예배당에서 예배를 드릴 수 없게 되었던 것이다! 할 수 없이 좀 더 넓은 장소로 이사해야 했고, 그런 일이 일 년 동안 세 번이나 되풀이되었다. 그렇게 반복하여 이사하다가 졸업을 앞두고 주일에 출석한 교인 수를 세어보니까 160-170명이나 되었다. 그때 나는 그 집사님의 말씀이 틀리지 않았음을 알았다. 또한 목회자의 정체성을 조금은 알 것 같았다. 목회자가 누구인가? 목회자는 영혼들을 품고 우는 사람이다. 밤새워 눈물로 예배당을 채우는 사람이다. (교회는 무릎으로 세워진다. 두란노)

혼히들 기독교를 '기도교'(祈禱敎)라고 한다. 그만큼 신앙생활에 있어서 기도가 중요하고, 기도 없이는 아무 일도 이룰 수가 없고, 부흥과 신앙의 성장을 기대할 수 없다는 말이다. 누군가가 이렇게 얘기하는 것을 들었다. "믿음으로 짧게 기도하면 응답되는 것이지, 꼭 그렇게 밤새워 철야기도를 해야 하는가?" 하지만 우리가 기억해야 할 것은 기도의 깊이도 중요하지만 기도의 양도 매우 중요하다는 것이다. 밤이 새도록 기도하신 예수님의 모습을 통해서도 알 수 있지만, 기도에 있어서는 '양'도 중요하다.

하나님께서는 성도들이 급한 마음으로 기도의 자리에 나왔다가 금방 뒤로 물러나기를 원치 않으실 것이다. 되도록이면 많은 시간을 함께하고 싶어 하실 것이 분명하다. 그리고 하나님께서는 중요한 기도제목일수록 쉽게 응답하지 않으시고, 오랜 시간 기도의 애씀을 통해 응답을 주시는 경우를 많이 보게 된다. 그래야 귀한 것을 귀하게 여기기 때문이다.

기도의 심장이
뛰게 만들라

　교회는 단순히 인간들의 조직체가 아니다. 구제기관이나 선교단체만도 아니다. 물론 교회는 분명한 비전과 목표를 설정하고 부지런히 활동해야 한다. 하지만 교회가 교회로서의 본질과 우선순위를 이탈하거나 소홀히 해서는 안 된다. 교회는 무엇보다도 기도공동체다. 성도들의 기도를 통해서만 교회가 살아 있는 교회, 역동적인 교회가 되어 세상을 역류할 수 있기 때문이다.

　교회의 또 다른 이름이 무엇인가? '만민이 기도하는 집'(막 11:17)이다. 참된 교회의 모습이 무엇이라는 말인가? 교회에서 기도소리가 그치지 않아야 한다는 것이다. 교회가 기도 공동체가 될 때 가장 강력해질 수 있다.

　정통 서양식당에 가면 소위 '테이블 매너'라는 것이 있다. 테이블 매너를 소개하자면 이렇다. "식당입구에서 안내를 기다려야 한다. 윗사람이나 여성이 상석에 앉도록 해야 한다. 포크와 나이프는 바깥쪽부터 차례로 사용해야 한다. 손을 올려놓거나 턱을 괴지 말아야 한다. 식탁 위에 소지품을 올려놓아서는 안 된다. 쩝쩝거리거나 큰 소리로 떠들면 안 된다."

기도에 목숨을 걸라

우리가 기억해야 할 것은 교회는 고급 레스토랑이 아니라는 것이다. 교회는 부르짖어 기도하는 곳이다. 교회는 하나님 앞에서 어린아이같이 몸부림치며 기도하는 곳이다. 여기에는 남녀노소 신분의 차별도 없다. 엄격한 격식도 없다. 누구나 있는 모습 그대로 와서 부르짖는 곳이 교회다. 그래서 교회를 '만민의 기도하는 집'이라고 하는 것이다.

교회 본연의 모습이 무엇인가? 누가복음 19장에 성전에서의 예수님의 말씀과 행동을 보면 교회가 어떤 곳인지 분명히 알 수 있다. 예수님은 왜 성전을 청결케 하셨는가? 성전은 본래 기도하는 집이기 때문이다. 하나님이 계신 곳이기 때문에 성전은 기도하는 집이다. 그런데 기도 소리는 들리지 않고 강도의 소굴이 되었다.

예수님이 성전을 강도의 소굴이라고 말씀하신 것에는 그럴 만한 역사적 배경이 있다. 먼 이방에서 예루살렘으로 순례를 온 유대인들은 제사를 드리기 위한 짐승을 끌고 올 수 없었다. 그래서 성전에서 돈을 주고 짐승을 샀다. 그런데 당시 로마나 헬라 화폐에는 이방신이 그려져 있었기 때문에 성전에 들고 올 수 없어, 순례자의 편의를 위해 성전에서 화폐를 바꾸어 주거나 짐승을 살 수 있도록 해주었다. 그런데 중간 거래상들과 제사장들이 순례자들에게 훨씬 비싼 값으로 짐승을 팔아서 폭리를 취했다. 성전 고유의 사명이 하나님께 기도하는 집인데 물건을 사고파는 시장이 된 것이다.

예수님께서는 이렇게 장사하는 사람들을 내쫓으셨다. 기도해야 할 사람들이 교회에 장사로 이익을 남기기 위해서 오니 예수님께서 분노하신 것이다. 이스라엘 민족의 심장부가 강도의 소굴이 되었으니 그 당시의 타락상은 말로 표현할 수 없을 정도로 심각했음을 알 수 있다. 오늘날도 마찬가지다. 성전에 기도 소리가 끊어지면 그곳은 강도의 소굴이 된다. 각종 세상 문화와 죄악이 교회에서 판을 치게 된다. 교회가 교회로서의 사명과 역할을 제대로 감당하려면 기도 소리가 울려 퍼지는 교회 본연의 모습을 찾아야 한다.

어떤 목사님은 기도를 심장에 비유했다. 우리의 팔 다리가 심하게 다쳐도 심장만 멈추지 않았으면 급히 병원으로 옮기기만 하면 살 수 있다. 그러나 팔, 다리, 이목구비가 멀쩡해도 심장이 멈춰 버렸다면 살 소망이 없다. 병원에 가면 의사가 제일 먼저 하는 일이 무엇인가? 청진기를 심장에 갖다 대는 것이다. 아픈 곳에 청진기를 갖다 대는 것이 아니라 심장에 청진기를 갖다 댄다. 이유를 물어 봤더니 심장 박동소리만 들어도 어디가 아픈지 알 수 있기 때문이란다.

우리의 기도가 이 심장과 같다. 비록 어떤 사람이 부족한 점, 단점이 좀 있어도 기도가 살아 있으면 그 사람은 변화의 가능성이 있다. 반대로 아무리 그 사람이 경건의 모양을 갖추고 있고, 좋은 환경 가운데 있다고 해도 기도의 심장이 뛰지 않는다면 결국 실패하는 인생이 될 수밖에 없다.

아직도 해결되지 않는 삶의 문제들이 산재해 있음에도 불구하고 기도의 심장이 뛰고 있는가? 그렇다면 소망이 있다. 반면 모든 것이 다 형통한 가운데 있는 것 같아도 기도의 심장이 멈추어 있다면 그 모든 일의 성공을 장담할 수가 없다. 언제 쓰러질지 모른다.

젊은이들은 사실 모든 면에 있어서 미성숙하고 많은 약점을 가지고 있다. 아직 배움의 단계이고 성장의 단계이기 때문이다. 하지만 아무리 많은 실수와 연약함을 가지고 있더라도 현재 기도하고 있다면 시간이 갈수록 성장, 성숙할 수 있고, 점점 아름다운 신앙인격으로 변모해 나갈 것이다. 기도의 능력이 시간이 흐를수록 그를 강건하게 만들어가기 때문이다.

당신의 기도생활은 어떠한가? 은밀한 골방의 기도가 있는가? 충분한 기도가 있는가? 진실한 기도를 드리는가? 어떤 어려움을 당하면 무의식적으로 가장 먼저 기도의 자리로 나아가는가? 아니면 전화통에 불이 나는가? 처세술에 관한 책을 사기 위해 서점으로 달려가는가?

「무릎으로 사는 그리스도인」이라는 책을 쓴 무명의 저자는 현대 그리스도인들에게 이런 도전을 던져주고 있다.

어찌하여 수많은 그리스도인들이 그토록 자주 좌절하는가? 그 이유는 기도가 부족하기 때문이다. 어찌하여 수많은 교회봉사자들은 그토록 자주 용기를 잃고 낙심하는가? 그 이유는 기도를 너무 적게 하기 때문이다. 어찌하여 현대 교회들은 하나님을 향한 뜨거운 불이 꺼져 있는가? 그 이유는 진실한 기도가 너무 적기 때문이다. 우리가 분명히 알 것은 모든 실패의 요인은 은밀한 기도의 결핍이라는 점이다.

교회도 마찬가지다. 교회가 많은 약점과 부족함을 가지고 있어도 기도의 박동만 힘차게 뛴다면, 하나님을 향한 기도의 몸부림만 사라지지 않는다면 하나님께서 기뻐하시는 모습으로 점점 완성될 것을 믿는다.

> 무료한 삶에 찾아온
> 하나님의 손길

    몇 년 전 여름, 나는 나름대로 열심히 신앙생활을 하고 있었으나 때때로 남아도는 시간들이 무료하게 생각되어 무언가 의미 있는 일을 찾게 되었다. 그때 교회 집사님으로부터 '화장품 대리점'을 해보라는 권유를 받게 되었고, 이것을 놓고 금요 철야 2부까지 하며 집중적으로 기도하게 되었고, 결국 이 일이 하나님의 뜻이며 장소도 이미 마련해 놓으셨다는 확신이 들었다.

    약 1개월간의 준비 끝에 드디어 2000년 9월 10일에 사무실을 오픈하게 되었다. 그런데 사업이 생각처럼 쉬운 일이 아니었다. 큰 사무실에 혼자 덩그러니 앉아 며칠을 보내고 나니 덜컥 겁이 나기 시작했다. 괜히 시작했나 하는 생각도 들었다.

    그때 가장 필요한 것은 '동역자'였다. 나는 날마다 혼자 사무실에 출근해서 예배를 드리고, 금요일 밤이면 교회에 가서 철야하며 동역자와 사업의 번창을 놓고 하나님께 부르짖었다.

    얼마 후에 기도응답이 왔다. 주변의 지사들 중에 문 닫는 지사들이 생기면서 그곳에 근무하던 우수한 사원들이 우리 지사로 온 것이다. 그리고 그들과 함께 그때부터 본격적으로 가가호호 방문하면서 홍보활동을 시작했다.

    물론 아무리 바빠도 아침에 사무실에서 예배드리고, 철야기도의 끈은 놓치지 않았다. 집집마다 다니면서 샘플을 나눠 줄때도 이것을 사용해 보는 사람마다 고객이 되게 해 달라고 기도하는 심정으로 나눠줬다.

그 기도는 많은 응답으로 내게 돌아왔다. 실제로 그 홍보활동을 통해서 예상치 못한 많은 고객들이 많이 확보되었다.

결국 우리 지사는 하나님의 은혜로 성장을 거듭한 끝에 2006년 봄, 최고 단계인 '총괄본부'까지 승격하게 되었다. 2004년 후반기에는 매출이 줄고 사원도 증원되지 않아 힘든 시기도 있었지만 그때마다 철야기도를 통해 힘과 용기를 얻어 다시 일어서곤 하였다.

지금까지 주변의 많은 지사들이 경기침체로 문을 닫고 매출이 줄어들었는데 내가 속한 지사는 어려움 속에서도 하나님의 특별한 은혜가 부어져서 놀라운 성장을 거듭할 수 있었다. 이 모든 것이 기도의 능력이 아니고서는 이루어질 수 없는 일이었다. 현재도 철야기도를 통해 하나님의 인도하심과 풍성한 축복을 누리고 있다. 나는 삼일교회에서 진정한 쉼을 누린다. 언제나 마음 놓고 달려가서 기도할 수 있는 기도의 장이 항상 열려 있기 때문이다. 특별히 삼일교회 철야기도는 나와 내 가정에 주신 하나님의 축복의 선물이다.

― **강대임 권사**(새가족부, 알로에 마임 용산 지국장)

고속성장을
맛보는 법

오래 전에 어떤 잡지를 읽으면서 큰 원리를 깨달은 적이 있다. 요즘 우리나라 가정에서도 많이 각광받고 있는 '분재'에 관한 짤막한 기사였다. 원래 분재는 일본 사람들이 개발한 것이라고 한다. '분재'를 일본말로는 '본사이'라고 하는데, 큰 나무를 작게 하여 화분에 가꾸는 기술이다. 신기하지 않은가? 어떻게 계속 자라가는 나무를 자라지 못하게 하여 난쟁이나무로 만들 수 있는가? 그 방법은 나무의 큰 뿌리를 잘라내고, 잔뿌리만 내리게 하면 된다는 것이다.

우리의 신앙이 자라나지 못하는 이유도 마찬가지가 아닌가 싶다. 기도에는 잔뿌리만 내리고, 세상 활동에만 큰 뿌리를 내리면 믿음이 성장하지 못하는 것이다. 중국의 대나무는 뿌리를 내리는 데 4년 걸리고, 5년째가 되면 1년 사이에 20미터 이상으로 그 키가 자란다고 한다. 그만큼 기초, 뿌리가 중요하다. 우리 교회들도 기도의 큰 뿌리를 내릴 때 빠른 속도로 부흥할 줄 믿는다. 그런데 많은 성도들 중에 기도의 뿌리는 너무나 작은 데 비해 다른 활동의 뿌리는 왕성한 이들이 있다. 그런 사람은 성장이 더디기 마련이다.

사도행전 6장 4절에 보면 사도들은 비대해져 가는 교회의 구제활동에 탈진되지 않기 위해 집사들을 선임하여 모든 일들을 맡기고, 기도하는 일과 말씀 전하는 일에 더욱 전념했다. 그리고 사도행전 6장 7절은 이렇게 멋있게 부연한다.

"하나님의 말씀이 점점 왕성하여 예루살렘에 있는 제자의 수가 더 심히 많아지고 허다한 제사장의 무리도 이 도에 복종하니라."

여기 굉장히 중요한 설명을 해주고 있다. 초대교회가 빠른 속도로 힘차게 성장했다는 기록이다(increased rapidly, greatly increased, multiplied greatly).

미국 밴 나이스교회의 해럴드 피케트(Harold Fickett) 목사가 말한 '교회 성장의 열 가지 원리' 중에 이런 내용이 있다.

"교회가 말씀이 풍성하고, 성경공부에 열심이고, 기도의 시간이 많아질수록 교회는 극적으로 흥왕한다."

개인의 신앙성숙도 마찬가지다. 날마다 기도에 힘쓸 때 그 신앙과 인격은 무럭무럭 자랄 수 있다.

포도나무 가지가 포도 열매를 맺기 위해서는 포도나무에 붙어 있어야 한다. 가지가 제 혼자서 몸부림친다고 열매를 맺는 것이 아니다. 그냥 포도나무에 붙어 있으면 그 자양분이 가지로 자연스럽게 흘러 들어와서 많은 열매를 맺게 된다. 신앙의 열매를 맺는 원리도 마찬가지다. 신앙성장은 내 힘, 내 노력, 내 의지로 되는 것이 아니다. 내 힘으로 하면 작심삼일이다. 신앙이 성장하려면 예수님께 꼭 붙어 있어야 한다. 기도를 통해 포도나무 되시는 주님께 늘 붙어 있으면 자연스럽게 성령의 열매를 주렁주렁 맺게 된다. 그러므로 신앙생활은 하는 것이 아니라 되는 것이라고 해야 옳다.

"내 안에 거하라 나도 너희 안에 거하리라 가지가 포도나무에 붙어 있지 아니하면 스스로 열매를 맺을 수 없음 같이 너희도 내 안에 있지 아니하면 그러하리라 나는 포도나무요 너희는 가지라 그가 내 안에 내가 그 안에 거하면 이 사람은 열매를 많이 맺나니 나를 떠나서는 너희가 아무 것도 할 수 없음이라"(요 15:4-5).

토미 바넷의 「부흥 배가」라는 책에 보면 이런 내용의 글이 나온다.

1901년에서 1902년까지 2년간 자그마한 나라 웨일즈(Wales)에 있는 신실한 그리스도인들이 기도했습니다. 그런데 갑자기 웨일즈의 사람들이 하나님의 임재하심에 감전되었습니다. 단 한 달 만에 3만 4천명의 웨일즈 사람들이 구원을 받았습니다. 한 기독교 잡지는 이렇게 논평했습니다.

'이것은 한 마을에 각성이 일어난 정도의 것이 아니라 웨일즈 공화국 전체가 불길에 휩싸인 것이다.'

하나님께서 기도의 응답으로 웨일즈에 임하신 것이었습니다. 기도는 성령으로 충만했고 열정적이었고 강력했습니다. 그 마을의 남자들이 '침대에서 일찍 일어나는 기도단'을 조직했습니다. 그들은 하나님께서 남자들을 침대에서 일찍 일으키셔서 기도 모임에 나가 구원받게 해달라고 기도했습니다. 기도한 지 한 시간 안에 마을의 남자들이 이상하게 일어나서 교회로 내려가 하나님의 능력으로 구원을 받았습니다. 교회 출석률은 90퍼센트까지 올라간 곳도 있었습니다. 〈런던 타임즈〉는 '그것은 다른 세상에서 온 어떤 것이었다'고 했습니다. 이런 것이 부흥입니다. 그것은 급하고 강한 바람소리 같은 것입니다. 부흥은 다른 세상에서 온 어떤 것입니다. 그리고 그것은 모두 기도로 시작됩니다.

이 세상에 기도의 밑거름 없이 부흥한 교회는 없다. 교회의 부흥은 치열한 기도의 영적전쟁 가운데 얻어지는 결과물이다.
　삼일교회의 많은 간사들이 팀이 부흥하지 못하는 이유를 다른 데서 찾아보지만 알고 보면 정말 팀 부흥을 위해 기도 한번 제대로 하지 못했다는 것을 발견하게 된다. 개인과 교회의 여러 가지 문제는 기도의 뿌리에 문제가 있을 때 따라오는 부수적인 것들임을 알아야 한다. 팀과 부서와 교회가 부흥하지 못하는 이유를 다른 것이 아닌 기도에서 찾으라. 기도에 깊게 뿌리를 내릴 때 모든 것이 회복될 수 있다.

삼일교회 부흥의 원동력,
부르짖음

현재 삼일교회 담임인 전병욱 목사님은 1993년 12월, 서른한 살의 나이로 삼일교회에 부임했다. 삼일교회는 그때까지만 해도 교인수가 80명 정도로 작은 규모의 교회였다. 그런데 전병욱 목사님 부임 이후 초고속 성장을 거듭해서 2009년 현재, 주일 평균 출석교인이 1만 7천 명이 넘었고, 그 가운데 미혼의 젊은이들이 1만 2천 명에 달한다. 94년 초까지만 해도 젊은이들의 숫자는 100여 명에 불과했었다.

한번은 내가 교회 사무실에 있는데 삼일교회 탐방을 왔다고 하면서 열 분 정도가 찾아왔다. 늘 묻는 얘기지만 "어떻게 삼일교회가 80여 명의 교인들로 시작해서 10여 년만에 1만 명이 넘는 큰 교회로 부흥할 수 있었습니까? 삼일교회 부흥의 원인은 무엇인가요? 부흥을 위한 좋은 프로그램은 없습니까?" 하고 물었다. 그때 나는 그분들을 골방으로 조용히 모시고 가서 같이 1시간 정도 합심기도를 했다. 그리고 말했다. "이것이 삼일교회 부흥의 가장 큰 원동력입니다." 그때 그분들의 얼굴이 천사의 얼굴과 같이 빛나는 것을 보았다. 기도가 모든 부흥과 능력의 원천이다.

지금도 많은 교회에서 삼일교회에 탐방을 오거나 부흥에 대하여 문

▲ 단기선교를 앞두고 새벽마다 드리는 준비기도회

의를 하곤 한다. 나는 그 때마다 한 마디로 요약해서 말씀드린다.

"삼일교회 부흥의 원동력은 기도에 있습니다. 삼일교회는 기도로 부흥한 교회입니다."

이것은 시간이 지나도 변치 않는 불변의 부흥 원리라고 생각한다. 물론 다른 부수적인 원인도 부흥의 원인일 수 있으나 가장 근본적인 부흥의 원인은 기도에 있다고 자신 있게 말할 수 있다. 오히려 삼일교회 성도들은 항상 기도의 자리에 노출되어 있고, 언제나 기도의 장이 열려 있어서 기도가 삼일교회 부흥의 원동력이라는 것을 실감하지 못하는 것 같다.

삼일교회는 어떻게 보면 많은 부분에서 엉성하고 빈틈이 많다. 아직까지 교회 요람도 없고, 최소한의 교회 직원과 부교역자로 움직이는 교회다. 그리고 지금의 삼일교회 조직과 프로그램은 처음부터 있었던 것이 아니다. 몰려드는 성도를 잘 관리하고 양육하기 위한 필요에 의해서 생긴 것이다. 많은 교회들은 조직을 바꾸고, 좋은 프로그램을 도입하면 부흥이 오리라고 생각한다. 그래서 삼일교회 부흥에 대해 궁금한 분들이 요청하는 것이 삼일교회만의 특별한 프로그램과 자료집이다.

삼일교회 대학청년부는 약 200여 개의 팀으로 이루어져 있다. 처음 팀이 시작할 때 팀원들의 숫자는 동일하다. 그러나 1년 정도 지나면 팀마다 20명에서 100명의 확연한 부흥의 편차를 보인다. 부흥하는 팀의 특징 하나는 그 팀에 기도하는 간사가 있다는 것이다. 엄밀히 따져서 팀 부흥은 간사의 학력, 외모, 지적능력, 성품과는 별로 관계가 없다. 우직하게 영혼들을 붙들고 밤새워 기도하는 간사가 있다면 그 팀은 부흥한다. 그러므로 오늘날 교회가 붙들어야 할 것이 무엇인가? 시대가 지나도 변하지 않는 것을 붙들어야 한다. 저돌적이고 원색적인 기도의 모습을 회복해야 한다.

"이르시되 기도 외에 다른 것으로는 이런 종류가 나갈 수 없느니라 하시니라" (막 9:29).

끝장 보는 기도를 드리라

사도행전은 또 다른 말로 '기도행전'이라고 한다. 복음서에 보면 그렇게 기도 안 하던 제자들이 마가의 다락방에서 10일간 온전히 기도에 힘쓰는 모습을 볼 수 있다. 그리고 이 기도를 통해 제자들이 성령을 체험하고, 제구시 기도시간을 정해놓고 매일 정기적으로 기도하는 모습을 볼 수 있다. 이것이 제자들의 능력의 원천이었고 사도행전 역사의 중심이다.

나는 청년들에게 이런 말을 자주 한다. "직장생활은 기도생활이다. 연애는 기도다. 직분은 기도다. 신앙생활은 기도생활이다." 우리가 직장생활하고, 연애에 힘을 쏟는 만큼 기도에도 힘을 써야 한다.

기도에 관한 베스트셀러, 「기도의 능력」의 저자 이 엠 바운즈는 이렇게 말했다.

"하나님은 바쁜 사람과 친하지 않으시다. 급하게 와서 급하게 가는 사람에게는 은혜를 베풀지 않으신다. 하나님은 그의 자녀들이 하나님을 알고 하나님과 친한 관계를 가지기를 원하시며 오직 하나님과만 함께하는 시간을 내기를 바라고 계신다."

충분히 하나님께 기도하는 시간을 가지라는 말이다.

80년대 중반부터 한국교회를 주도해온 것은 바로 제자훈련이다. 그것을 기점으로 해서 수많은 성경공부 모임들이 우후죽순으로 생겨났다. 물론 성경공부를 통해 성도들의 지적인 면들이 굉장히 강화되었고 신학적인 수준이 높아진 것은 사실이다. 하지만 놓쳐 버린 한 가지가 있다. 그것은 야성적인 기도생활이다.

지금으로부터 약 20년 전만 해도 서울의 많은 교회들이 말 그대로 밤새워 철야 기도를 했었다. 그런데 어느 때부터인가 바쁘다는 이유로 철야기도회가 심야기도회로 대체되었다. 심야기도회는 보통 12시 전에 두 시간 정도 한다. 기도회 시간이 두 시간이면 실질적인 기도시간이 얼마나 되겠는가? 찬양하고 말씀 듣는 시간을 제외하면 한 시간도 기도하지 못한다는 얘기다. 철야기도의 가장 큰 강점이 무엇인가? 전 성도들이 장시간 함께 기도할 수 있는 것이다. 심야기도회는 이것을 충족시켜 주지 못한다.

삼일교회는 기도가 이끌어가는 교회라는 자부심이 있다. 그래서 교회에 중대한 일이나 사역이 있으면 '끝장 보는 기도'를 한다. 한번은 교회의 중대한 사역을 앞에 두고, 전 성도가 비 오는 날 산에 올라가 얼굴이 따가울 정도로 쏟아 붓는 장대비를 맞아가면서 밤 11시부터 그 다음 날 새벽 4시까지 꼬박 밤새워 기도한 적도 있다. 그때의 영적인 자신감이란 이루 말할 수 없이 컸다.

지금도 매주 금요일 철야기도회 때면 2천 명이 넘는 삼일교회 기도의 용사들이 밤을 기도로 불태우고 있다. 심지어 한 가지 기도제목을 놓고 삼십 분, 한 시간씩 기도할 때도 있다.

기도에 목숨을 걸라

초대교회 성도들을 보라. 밤새워 기도한 정도가 아니라 아예 마가의 다락방에 자리를 잡고 120명의 제자들이 10일 동안 응답주실 때까지 온 열정을 다해 기도했다. 그런 끝장 보는 기도가 초대교회를 가장 강력한 교회로 만든 것이다

한국교회가 이렇게 뜨겁고 신실하고 또 비약적으로 부흥한 밑거름 중의 하나가 바로 철야기도에 있다는 것을 누구도 부인하지 못할 것이다. 비록 시간은 줄어들고 시간대는 바뀌었으나 지금도 대부분의 교회에서 '심야 기도회'라는 이름으로 기도회를 갖고 있다. 그나마 이 기도회가 교회부흥의 원동력이 되고 있는 것이다.

한 가지 아쉬운 점이 있다면 심야 기도회로는 기도의 양이 부족함을 느낄 수밖에 없다. 마귀의 끊임없는 공격과 산재해 있는 시험과 문제를 뚫기 위해서는 더 강력하고 오랜 시간의 기도가 필요하다. 그래서 우리 믿음의 선조들이 했던 철야기도가 더욱 그립다.

"예수께서 힘쓰고 애써 더욱 간절히 기도하시니 땀이 땅에 떨어지는 핏방울 같이 되더라"(눅 22:44).

삼일교회 성도들의 철야기도 스토리

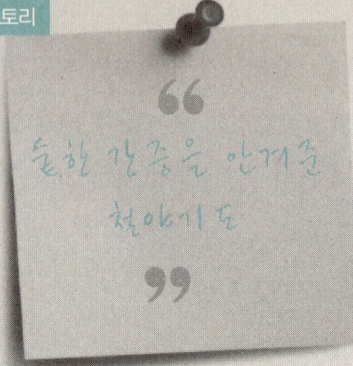

> 66
> 늘한 갈증을 안겨준
> 철야기도
> 99

어느덧 금요일, 40대 중반의 몸 가득 한 주의 피로가 쌓여 있다. 전쟁터 같은 광고회사의 임원으로서 겪는 스트레스는 만만치 않다. 가정 역시 포근한 쉼터는 아니다. 믿음은 좋으나 체력이 빵점인 아내, 외고 시험 준비한다고 새벽 한 시에나 귀가하는 딸 아이…. 내일은 아침 일찍 클라이언트와 골프가 있다. 집에서 여섯 시에는 출발해야 한다. 월요일에는 상해 출장인데 프리젠테이션 준비는 언제 하나?

철야예배로 향하는 내 걸음은 무겁기만 하다. 항상 그랬듯이 새 힘을 구한다. 그러면 항상 충만케 하시는 성령님의 은혜를 체험하게 된다. 철야 1부 마치고 귀가하니 두 시가 지났다. "세 시간의 잠을 여섯 시간처럼 잘 자게 해주십시오, 주님!"

지난 해 7월 철야기도 때의 기억이다. 회사에 동료 임원이 하나 있었다. 고교시절 잠시 교회를 다녀봤단다. 마주칠 때마다 그 영혼에 대한 궁휼한 마음이 느껴졌다. 어느 금요일 그에게 가서 "내일 무슨 약속 있어요?" 하고 물었다. 함께 골프 치러 가자는 줄 알고 웃으며 "없다"고 했다. 나는 "오늘 우리 기분도 꿀꿀한데 같이 철야예배에 갈까요?"라고 했다. 그 순간 그 친구 얼굴에는 여러 가지 표정이 동시에 나타났다. 당혹감, 어색함…. 하지만 나는 거의 반 강제적으로 그를 철야기도에 데리고 가 앞뒤로 따로 앉았다. 세 시간을 잘 견디려나 걱정하면서 주님께 모든 걸 맡겼다.

그는 그날 많은 은혜를 경험했다고 간증했다. 다음 주일 그는 분당에 있는 집 근처 교회에 나가기 시작했다. 그리고 아내와 두 딸도 곧 함께 예배 드리게 되었다. 이후 그 가정에 주신 축복을 어찌 말로 형용하랴!

금년 여름에 처음으로 수술이란 것을 받았다. 몇 년 전부터 병원 건강검진 결과 갑상선에 결절이 있다고 했는데 금년에는 그것이 많이 자라서 수술을 하자는 것이었다. 암일 수 있다는 의사의 말에 내심 걱정이 되어 잠을 이룰 수 없었다. 수술을 며칠 앞둔 지난 7월, 어느 금요일 철야기도회에서 담임목사님께서 나의 이름을 언급하면서 갑상선 수술을 받게 되었다며 기도하자고 하셨다. 내가 이런 기도를 받을 자격이 있는 사람인지, 살다가 이런 감격이 있을 줄이야!

며칠 뒤 병원에서 수술을 기다리는데 부목사님 한 분이 폭우를 뚫고 와서 기도해 주셨다. 그리고 편안한 맘으로 수술실로 들어갔는데, 마취 때문에 정신은 몽롱해져 갔다. 그때 갑자기 옆에서 "삼일교회 다니시죠?" 하는 여성의 목소리가 들렸다. 나중에 알고 보니 그녀는 병원의 수간호사였는데 그 부목사님의 누님이셨다. 결국 암도 아니었고, 수술하는 데 고통도 없었고, 모든 경과가 너무 좋아서 나흘만에 일찍 퇴원했다. 그리고 두 주 뒤에 건강하게 일본선교 다녀왔다. 할렐루야!

— **한기훈 집사**('리 앤 디디비' 광고회사 부사장)

chapter 07
삼일교회 철야기도
현장 스케치

기도 없이는 이 모든 것을 도저히 감당할 수 없기에 삼일교회 성도들은 기도할 수밖에 없다. 넘치는 사역을 감당하기 위해서는 넘치는 기도가 필요하다.

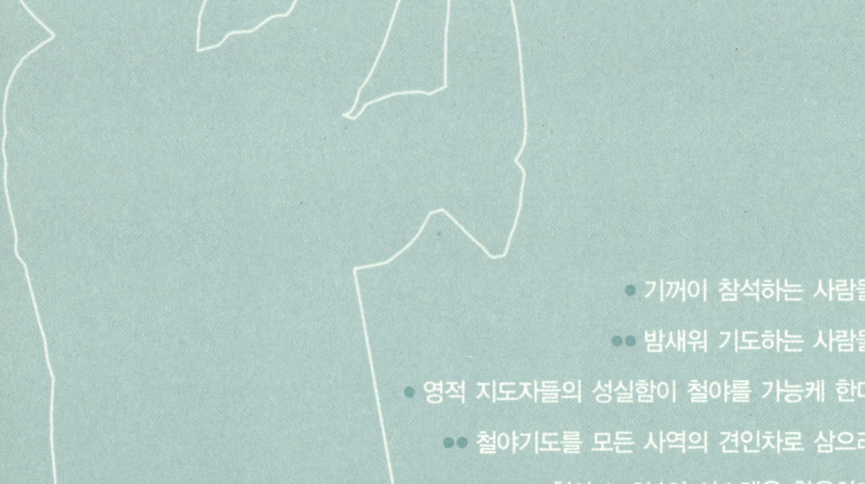

- 기꺼이 참석하는 사람들
- 밤새워 기도하는 사람들
- 영적 지도자들의 성실함이 철야를 가능케 한다
- 철야기도를 모든 사역의 견인차로 삼으라
- 철야 1, 2부의 시스템을 활용하라

기꺼이 참석하는
사람들

금요일 밤 9시 30분. 기도회 시작까지는 아직 1시간 30분이나 남은 시간. 그러나 삼일교회 본당은 벌써부터 북적인다. 예배를 준비하는 찬양팀, 자기 팀 사람들을 대신해 자리를 맡는 사람들, 미리 와 팀원들에게 전화해 참석을 독려하는 사람들, 혹은 조용히 말씀을 읽는 사람들…. 10시만 되어도 앞쪽의 좋은 자리는 포기하고 말석으로 밀려날 수밖에 없다. 이런 일들이 삼일교회의 일상이 된 이유는 간단하다. 청년들이 철야기도의 참맛을 알기 때문이다. 메말라 있던 영혼이 회복되고, 막혔던 문제가 풀리는 이 은혜의 자리는 세상 무엇보다 강력한 중독성이 있게 마련이다.

삼일교회 철야기도회는 언제 임할지 모르는 부흥을 걱정하는 자들이 모인 자리라고 할 수 있다. "내가 없을 때 부흥이 임하면 어떡하지?" 철야 기도에 참석하는 대부분 성도들의 마음속에는 항상 이러한 생각이 자리잡고 있다. 은혜에 대한 사모함이 삼일교회 철야를 북적거리게 만드는 원동력이다.

삼일교회 철야기도는 아주 원색적인 교회의 진수를 담고 있다. 세련되고 편안한 예배를 생각한다면 오산이다. 오히려 처음 복음이 전해지던 한국교회 초창기 때의 모습과 사도행전에 나오는 초대교회의 모습을 생각하면 될 것이다. 성도의 땀 냄새와 기도의 뜨거운 열기가 느껴지는 곳, 이곳이 바로 삼일교회 철야의 자리다.

어떤 형제는 금요일 밤 11시가 다가오면 아무리 피곤해도 자기도 모르게 발걸음이 교회로 향한다고 한다. 그리고 회사 일이나 다른 이유로 철야를 빠지게 되기라도 하면 어디에 있든지 그 시간만 되면 가슴이 설레고, 어디 가서 기도하고 싶은 마음이 생긴다고 한다. 이 얼마나 선한 중독인가? 이런 중독에는 얼마든지 빠져도 좋다. 젊었을 때 이런 좋은 습관이 몸에 배여 있다는 자체가 큰 축복이 아닐 수 없다.

사실 철야기도는 성도들의 자발적인 참여가 없이는 이루어질 수 없다. 왜냐하면 밤새워 무엇을 한다는 것이 어렵고 힘든 일이기 때문이다. 삼일교회 철야는 자리를 미리 맡아 두지 않으면 안 될 정도로 많은 성도들이 운집하고 있으며, 심지어 본당에 입성하는 것을 큰 자랑거리로 여기고 있을 정도다. 그리고 많은 성도들이 삼십 분에서 한 시간 이상 쉬지 않고 기도하는 데 익숙하다는 것 자체만으로도 성도들이 얼마나 자발적으로 기도를 사모하고 있고, 기도의 문화가 잘 정착된 교회라는 것을 알 수 있다. 삼일교회 성도들의 가슴은 건드리기만 하면 터져 버릴 것만 같은 기도의 강물로 가득 차 있다.

밤새워 기도하는 사람들

앞서 여러 번 이야기했듯 삼일교회 금요철야는 한국 초대교회의 철야 형태를 그대로 유지하고 있다. 즉, 밤을 꼬박 새워 기도하는 것이다. 우리는 믿음의 선조들이 물려준 철야기도의 귀한 전통을 그대로 유지하고 있다. 늦은 밤 11시부터 새벽 4시까지, 그야말로 무식하게 밤새워 기도한다.

토요일을 맘놓고 쉴 수 있는 대학생들이나 주5일제 직장인들뿐 아니라 다음 날 출근해야 하는 직장인들도 철야예배에 빠질 수 없기는 매한가지다. 물론 철야 1부를 마친 1시 30분, 귀가하는 성도들도 있지만 가능하면 2부까지 함께할 것을 독려한다.

처음에는 이처럼 장시간 기도하는 것을 두려워하던 사람들도 일단 철야기도회에 참석하면 한두 시간이 어떻게 지나갔는지 모르겠다고들 한다. 이곳에 오기 전에는 한 주간의 일정으로 몸이 피곤했는데 기도하다 보면 피로를 잊는다고들 한다. 한두 시간 함께 기도하면서 기도의 능력에 매료되는 것이다. 여러 성도들이 함께 모여 기도할 때 나오는 에너지를 경험하고 나면 철야기도 시간을 손꼽아 기다리게 된다.

영적 지도자들의 성실함이
철야를 가능케 한다

이처럼 매주 금요일 밤에 2천 명이 넘는 성도들이 한자리에 모여서 밤을 지새우며 기도할 수 있게 만든 비결이 하나 있다. 그것은 사역의 핵심에 서 있는 교역자, 간사, 리더와 같은 영적 지도자들이 철야의 자리를 지키면서 성도들을 독려하고 함께 기도하기 때문이다. 영적인 지도자들이 성도들과 함께 기도할 때 성도들이 얼마나 큰 힘을 얻겠는가? 앞에서도 언급했듯 많은 교회들이 철야기도를 시도하지 못하고 있는 가장 큰 이유 가운데 하나가 영적 지도자들이 철야의 자리를 지키지 못한다는 데 있다. 인도자가 없는 성도들만의 철야기도가 가능하겠는가? 삼일교회에는 기도의 자리를 성실히 지키는 영적 지도자들이 있었기 때문에 철야기도의 큰 부흥이 가능했던 것 같다.

삼일교회에는 담임목사님을 포함해 30여 명의 부교역자들과 1천여 명의 리더와 간사들이 있다. 삼일교회 부교역자들은 거의 대부분 삼일교회 대학 청년부 출신이다. 외부에서 영입된 사람은 거의 없고 대부분 삼일교회에서 양육 받고, 신학을 하고, 결혼을 하고, 전도사, 강도사, 목사까지 된 사람들이다. 이같은 영적 지도자들의 성실함이 교회의 모든 모임과 예배를 떠받치고 있다.

기도에 목숨을 걸라

▲ 목사님과 청년들이 기도회를 하고 있는 모습

교회 안에는 많은 모임과 부서가 있다. 하지만 영적 지도자가 특별히 관심을 가지고 투자하는 곳은 부흥하고 성장하지만 영적 지도자의 관심이 부족한 곳은 성장하는 데 많은 어려움이 있는 것이 사실이다. 그만큼 영적 지도자들의 관심과 본이 중요하다. 삼일교회가 이만큼 부흥하고 든든히 세워지게 된 이유 가운데 하나도 바로 삼일교회 교역자들의 성실함과 헌신 때문이라고 생각한다. 최소한 10년 이상 한 교회를 섬긴 분들이 교회의 지도자로 섬기고 있다는 자체가 축복이 아닐 수 없다.

철야기도를
모든 사역의 견인차로 삼으라

삼일교회는 1년 동안 무슨 사역을 감당해야 하는지 모든 성도가 훤히 알고 있다. '1-2월 겨울선교, 3-4월 캠퍼스 전도, 5월 체육대회, 6월 여름특별새벽기도, 7-8월 여름선교, 9-10월 2학기 전도 집회, 11월 삼일 성가제, 12월 겨울특별새벽기도, 성탄절 구제사역….' 모든 행사와 선교는 준비기간까지 합치면 정말 쉴 새 없이 바쁘게 진행된다. 그래서 1년이 금방 지나간다. 이렇게 많은 선교사역을 감당하고, 많은 영혼을 전도하고, 많은 예배와 사역을 준비하는 데 있어서 철야기도는 필수코스라고 할 수 있다. 기도 없이는 이 모든 것을 도저히 감당할 수 없기에 삼일교회 성도들은 기도할 수밖에 없다. 넘치는 사역을 감당하기 위해서는 넘치는 기도가 필요하다.

특별히 성도들의 영적전쟁은 일주일을 주기로 계속된다. 그리고 일주일 중에 가장 중요한 요일이 있다면 금요일 저녁이다. 왜냐하면 금요일은 토요일의 많은 모임과 만남, 주일예배를 준비하는 날이기 때문이다. 영혼이 변화되고 하나님의 축복이 쏟아지는 토요일과 주일을 힘차게 맞이하기 위해서는 금요일 저녁부터 영혼들과 예배를 위해 기도하는 것이 꼭 필요하다. 이런 애씀과 노력과 간구가 없이는 주일에 풍성한 예배를 드릴 수 없고 영혼들을 돌볼 수가 없다. 아무리 많은 은사를 가진 지도자라고 해도 금요 철야기도를 통해 영적으로 무장하지 않으면 결코 많은 열매를 거둘 수 없다.

그리고 삼일교회는 모든 사역의 마무리를 철야기도로 매듭짓는다. 삼일교회가 국내 단기선교를 마치고 돌아오는 날이 금요일 저녁이다. 오랜 시간 차량 이동으로 많이들 피곤해 있지만, 바로 귀가하지 않고 반드시 밤 11시부터 있는 철야기도를 드린다. 선교사역을 기도로 마무리한다. 이것은 삼일교회 전통이 되어 지금도 이 원칙만은 지켜지고 있다. 이것 하나만 봐도 철야기도는 삼일교회 모든 사역의 견인차임에 틀림이 없다.

삼일교회 철야기도 순서

1부 (11시~1시 30분) 인도자 : 담임목사

10:45 – 11:00 (15분)	찬양의 시간
11:00 – 11:20 (20분)	회개와 감사 기도
11:20 – 11:40 (20분)	나라와 민족을 위한 기도
11:40 – 12:00 (20분)	교회를 위한 기도
12:00 – 12:15 (15분)	축복의 시간
12:15 – 12:45 (30분)	말씀 선포
12:45 – 01:15 (30분)	자신을 위한 기도
01:15 – 01:30 (15분)	주일 사역을 위한 기도

쉬는 시간 (1시 30분~2시) 간식과 교제

2부 (2시~4시) 인도자 : 부교역자

철야 1, 2부의 시스템을
활용하라

삼일교회 철야기도는 1, 2부로 나뉘어져 있다. 그래서 믿음의 분량, 개인적인 여건, 건강 상태 등에 따라 선택해서 참석할 수 있다는 장점이 있다.

기도를 전혀 모르는 초신자들에게는 철야기도에 참석한 것 그 자체가 기적과 같은 일이다. 그들은 1부만 하고 가도 대단한 일이다. 그리고 토요일 아침 일찍 출근하는 직장인들도 철야 1부만 드리고 돌아간다. 또 장시간 앉아 있을 수 없는 성도들도 1부까지만 기도하고 귀가한다.

또 철야 2부를 시작하기 전 1시 30분에서 2시 사이는 교제의 시간이다. 간식을 먹으면서 일주일 동안 주셨던 하나님의 은혜도 서로 나누고, 팀원들끼리 잠깐 모여 팀을 위해 기도하는 시간을 갖기도 한다.

삼일교회에서는 철야기도 1부는 담임 목사님이, 2부는 부교역자들이 돌아가며 인도한다. 대개 철야 2부가 끝나갈 무렵에는 밤새 기도에 전념해서 그런지 분위기가 조금 가라앉기 마련이다. 그런데 어느 날 내가 2부를 인도하고 있는데 조는 사람들이 거의 없는 게 아닌가. 나는 속으로 생각했다. "내 설교에 얼마나 은혜를 받았으면 저럴까? 하나님, 홀로 영광 받으소서!"

기도에 목숨을 걸라

그리고 아무 생각 없이 사무실로 내려왔는데, 갑자기 담임목사님께서 나를 부르셨다. 순간 속으로 이런 생각이 들었다. '야, 담임목사님도 내 설교에 은혜를 받고 나를 부르시는구나!' 그런데 대뜸 하시는 말씀이 "최목사, 지금 정신이 있는 거요? 지금 몇 시요?"

시계를 보니 시계바늘이 3시 33분을 가리키고 있었다. 오, 맙소사! 그제서야 정신이 번쩍 들었다. 기도회가 끝나려면 30분이나 남은 것이었다. 조금 전 성도들이 그렇게 표정이 밝았던 것은 사실 내 설교에 은혜 받아서 그런 게 아니고 일찍 기도회를 끝내줘서 그런 것이었다. 쥐구멍이라도 있으면 들어가고픈 그 심정을 누가 알겠는가?

이렇듯 철야기도 2부는 피곤하고 졸리는 시간이 될 수 있다. 피곤에 찌든 모습으로 꾸벅꾸벅 조는 성도들도 하나 둘 늘어간다. 그러므로 느린 찬양보다는 빠른 템포의 찬양을 많이 하고, 한 가지 기도제목을 놓고 장시간 기도하기보다는 짧게 끊어서 기도하는 것이 좋다.

그리고 철야 1부와 2부의 기도제목을 다르게 던지는 것이 좋다. 2부 때는 1부 시간에 미처 다루지 못했던 기도의 제목들을 다루고, 이미 다룬 기도제목이라 할지라도 좀 더 세밀하고 깊게 기도한다면 더 큰 은혜가 있을 것이다.

(4부) 철야기도
이렇게 인도하라

chapter 08

철야기도의 은혜를 배가시키라

"진실로 다시 너희에게 이르노니 너희 중의 두 사람이 땅에서 합심하여 무엇이든지 구하면 하늘에 계신 내 아버지께서 저희를 위하여 이루게 하시리라 두세 사람이 내 이름으로 모인 곳에는 나도 그들 중에 있느니라" (마 18:19-20).

● 많이 모일수록 기도는 강력해진다
●● 처음에는 무게 있게, 나중에는 활기차게
● 다양한 기도를 시도해 보라
●● 한 가지를 붙잡고 충분히 기도하라

많이 모일수록
기도는 강력해진다

가능하다면 철야기도회는 성도가 모두 함께 모여 하는 것이 좋다. 숫자가 많으면 많을수록 좋다. 성도가 모두 같은 기도제목을 가지고 합심해서 기도하다 보면 교회 전체적인 사역의 흐름뿐만 아니라 성도들의 형편과 사정을 알 수 있고, 교회가 하나됨을 체험할 수 있기 때문이다.

나는 팀을 이끌고 있는 간사들에게 자주 이렇게 얘기한다. "우리가 부흥을 일구지 못해도 하나님께서는 우리를 여전히 사랑하실 겁니다. 하지만 교회 생활은 재미없어지게 되겠지요. 특별히 팀 활동이 재미있으려면 최소한 출석이 40명, 팀 모임이 20명은 되어야 합니다."

어떤 이는 "숫자가 뭐 그리 중요한가? 제대로 된 한 사람이 중요한 것이지"라고 말한다. 물론 일리가 있는 말이다. 하지만 사람의 숫자가 주는 은혜도 있다는 것을 알아야 한다. 기도모임을 하는데 10명이 모이는 것과 100명이 모여서 기도하는 것에는 분명 성도들이 느끼는 영적인 분위기나 기도의 강도가 다를 것이다.

철야기도회도 마찬가지다. 50명 모여서 기도하는 것과 500명이 모여서 기도하는 것은 분명히 다르다. 그러므로 철야 기도는 부서별로 나누어 기도하는 것보다는 온 성도가 같은 장소에 함께 모여서 기도하는 것

▲ 이전한 교육관에서 철야기도를 드리고 있다

이 훨씬 은혜롭다.

몇 년 전만 해도 삼일교회 성도들의 소원이 있었다면 전체 성도가 한꺼번에 모여 예배드리고 기도하는 것이었다. 삼일교회 이전 본당은 수용한계가 500명 정도인데, 성도들의 숫자는 1만 명이 훨씬 넘었었다. 그래서 수요예배, 금요철야 때는 부득이하게 유치부실, 영아부실, 새가족부실, 신학교 건물에 나누어서 영상으로 예배와 기도회를 드렸었다. 그리고 주일에는 교회와 숙명여대 강당을 영상으로 연결해서 8부로 나누어 예배를 드렸다. 만약 1만 명의 성도들이 한꺼번에 예배를 드릴 수 있다면 그곳에 더 큰 감동과 은혜가 있을 것이라고 늘 생각하고 사모하고 기도해 왔는데, 드디어 몇 해 전에 교육관이 완공되어 온 성도가 한 자리에 모여 밤새워 기도할 수 있게 되었다. 얼마나 감사한지 모른다.

기도에 목숨을 걸라

삼일교회 성도들의 **철야기도 스토리**

> **"**
> 최악의 선교팀에서
> 환상의 드림팀으로
> **"**

내가 삼일교회에 온 첫 해 제주선교 때 일이다. 단기선교는 어떻게 하는지 배우려고 제주선교에 등록을 했는데, 우리 팀에서 제일 먼저 등록했다는 이유로 얼떨결에 팀장이 되었다. 그런데 이게 웬일인가? 선교현장에서 한 팀으로 활동하려면 적어도 한 팀이 예닐곱 명은 되어야 하는데 선교를 일주일 앞두고 2명이 등록하는 엽기적인 사태가 벌어졌다. 선교까지는 일주일밖에 남지 않았고 팀원은 적어 도저히 선교가 불가능한 상황이었다. 그때 너무나 다급한 나머지 남은 일주일간을 매일 교회에서 식음을 전폐하다시피 하면서 밤을 지새우며 철야기도를 했다. 그런데 선교를 앞둔 마지막 금요일 철야기도 후에 선교 팀원 9명이 모이는 기적과 같은 일이 일어났다. 그것도 선교의 경험이 풍성한 베테랑들로만 말이다. 환상의 선교 드림팀이 구성된 것이다.

하나님께서 나의 일사각오의 철야기도를 받으셨는지 지방에 내려갔던 지체들이 갑자기 올라오게 하시고, 선교 안 가겠다고 버티던 강퍅한 형제, 자매들의 마음을 바꾸어 주신 것이다. 그리고 제주도로 가는 도중의 짧은 시간에 모든 프로그램을 다 준비해서 은혜 충만한 선교가 이루어졌다.

그때의 일로 정말 철야기도의 능력이 얼마나 큰 것인가를 깨닫게 되었고, 지금도 어려움이 있을 때마다 밤을 지새우는 철야기도를 통해 문제의 해결을 받곤 한다.

- **윤원석 집사**(새가족부, 고려대학교 생명공학과 박사)

초대교회 오순절 성령강림의 역사도 120명 성도들이 한꺼번에 모여서 기도했을 때 일어났다는 것을 기억하라. 그리고 초대교회 성도들은 "날마다 마음을 같이하여 성전에 모이기를 힘썼다"(행 2:46).

21세기는 인터넷의 발달로 굳이 직접 만나지 않아도 영상으로 회의를 하고 대화를 나눈다. 하지만 시대가 아무리 변해도 성령의 임재와 역사는 함께 모여서 예배드리고 교제할 때 더욱 강력하게 나타난다. 모든 기도와 부흥의 역사는 모임에서 출발한다는 것을 잊지 말자.

지금 우리 사회에는 수많은 동호회들이 있고, 거기에 사람들이 차고 넘치고 있다. 그런데 유독 모임이 잘 이루어지지 않는 곳이 있는데 바로 직장 신우회와 캠퍼스 기독인들의 모임이다. 나도 매월 두 차례 직장 신우회 예배를 인도하는데, 20명 내외의 적은 사람들이 모인다. 회사 내에 최소한 수백 명의 크리스천들이 있을 터인데 말이다.

왜 직장인들이 신우회에 자신의 모습을 드러내지 않는 것일까? 직장 생활도 바쁜데 신우회 활동까지 하려면 귀찮아서 그럴 수도 있겠고, 자신이 크리스천이라고 드러내면 여러 가지 부담과 장애가 생기기 때문에 그럴 수도 있다. 그렇지만 성도들이 세상을 변화시키고자 한다면 혼자의 힘으로는 안 된다. 힘을 모아야 한다. 함께해야 한다. 무엇보다도 기도의 네트워크를 형성해야 한다. "나 혼자만 남았으니"라는 '엘리야 신드롬'에서 빨리 벗어나야 한다. 그렇지 않으면 계란으로 바위치기가 될 수 있다.

다니엘에게도 세 친구가 있었고, 중풍병자에게도 네 명의 조력자들이 있었고, 바울에게는 수십 명의 기도와 사역의 동역자들이 있었다.

우리는 홀로 설 수 없다. 하나님께서는 우리가 엘리야 같이 홀로 뛰기를 원하지 않으신다.

어떤 교수가 이런 실험을 했다. 합판 한 장이 견뎌낼 수 있는 무게는 607파운드라고 한다. 그러면 합판 두 장을 겹치면 이론적으로 따졌을 때 1,214파운드를 견뎌 내야 한다. 그런데 실험 결과 놀랍게도 겹쳐진 합판 두 장은 4,878파운드의 무게를 견뎌 냈다고 한다. 몇 배의 강도가 있다는 것이다. 이것이 함께함과 하나됨의 능력이다.

내가 대학 다닐 때 몇몇 캠퍼스에서는 매년 '예수대행진'이라는 기독교 행사가 있었다. 축제 때면 수백 명의 크리스천들은 이스라엘 백성들이 여리고 성을 돌듯이 학교를 돌면서 캠퍼스의 변화를 위해 기도했었다. 흔히 캠퍼스 축제라고 하면 대부분 술 마시고, 흥청망청 즐기는 것이었는데 크리스천들의 이런 모임은 신선한 것이었고, 불신자들에게도 도전적인 것이었다. H대 같은 경우에는 그 당시 10년이 넘게 매일 점심시간이면 크리스천 대학생들이 교내식당 근처 큰 나무아래에서 기도하고 찬양하는 모임을 가졌다.

그런데 지금은 어떠한가? 많은 크리스천 대학생들이 "무엇을 먹을까? 무엇을 마실까? 무엇을 입을까?" 하는 걱정과 취직과 진로에 온통 정신이 팔려 기도의 사명을 잃어버린 것은 아닌지 염려스럽다. 직장의 변화를 원한다면 직장 내 크리스천들이 기도로 뭉쳐야 하고, 캠퍼스의 변화를 원한다면 크리스천 학생들이 기도로 하나됨이 필수다. 그렇게 할 때 직장과 캠퍼스에 숨어 있던 많은 크리스천들도 하나 둘씩 자신의 모습을 드리게 될 것이고, 직장의 복음화는 가속화될 것이다.

직장과 캠퍼스를 변화시키는 일뿐만 아니라 무슨 일이든지 혼자 하면 쉽게 지치고 오래 지속할 수 없다. 기도생활도 마찬가지다. 혼자서 조용히 기도하는 것도 때로는 필요하나 모든 성도들이 한 자리에 모여서 합심해서 기도할 때 더 큰 하나님의 은혜와 응답을 체험할 수 있다.

그러므로 영적 지도자들은 철야 때 팀이나 부서 지체들을 권면해서 한 자리에 같이 앉아서 기도하는 것이 좋다. 이렇게 함께 모여서 기도하면 옆 사람의 기도의 열정이 내게도 전염되기 때문에 그리 힘들지 않게 기도할 수 있다.

삼일교회 성도들은 모든 공식적인 예배를 드릴 때뿐 아니라 철야기도 때도 절대로 혼자 기도하는 법이 없다. 같은 팀원들끼리 한 자리에 모여 함께 기도하는 것이 전통이다. 때로는 자리를 맡아 주기도 하고, 지체들의 기도제목을 미리 받아 기도페이퍼를 만들어 철야 전에 팀원들에게 나눠주고, 함께 기도하도록 권면하기도 한다. 특히 초신자 같은 경우에는 철야에 와서 몇 시간씩 혼자 앉아서 기도하기가 쉽지 않다. 그래서 팀끼리 부서끼리 모여서 함께 기도하는 것이 필요하다.

"진실로 다시 너희에게 이르노니 너희 중의 두 사람이 땅에서 합심하여 무엇이든지 구하면 하늘에 계신 내 아버지께서 그들을 위하여 이루게 하시리라 두세 사람이 내 이름으로 모인 곳에는 나도 그들 중에 있느니라"(마 18:19-20).

"모이기를 폐하는 어떤 사람들의 습관과 같이 하지 말고 오직 권하여 그 날이 가까움을 볼수록 더욱 그리하자"(히 10:25).

처음에는 무게 있게,
나중에는 활기차게

　기도회 초반에는 세상에 찌든 딱딱한 마음을 녹이고, 기도의 문을 열어야 하기 때문에 회개 기도와 성령의 인도하심을 구하는 무게 있는 기도로 시작하는 것이 좋다. 그러나 철야 인도자가 시종일관 심각하고 무거운 분위기로 진행하면 성도들이 졸거나 지루해 할 수 있으므로 중반 이후부터는 율동 찬양을 통해 분위기를 밝게 전환시키고 감사의 기도, 주님께 대한 사랑고백의 기도와 같은 밝은 기도제목을 던지는 것이 좋다. 옆 사람과 축복과 사랑의 고백을 자주 하게 하는 것도 분위기 쇄신에 도움이 된다.

　기도제목도 큰 기도제목에서 작은 기도제목으로 옮겨가는 것이 좋다. 이것은 그날 기도회의 영적인 분위기에 따라 순서를 바꿀 수는 있으나, 할 수만 있다면 나라와 민족, 교회와 이웃, 가정, 개인 순으로 기도하도록 하라. 중보에 초점을 맞추어서 기도하라는 것이다. 혼자 기도하면 자기도 모르게 제일 먼저 기도하게 되는 것이 자신과 가족을 위한 기도다. 그리고 시간이 좀 남으면 교회, 나라와 민족, 위정자들을 위해 기도하게 된다. 그나마 시간이 없을 때는 먼저 시작한 개인 기도제목도 다 아뢰지 못할 때가 있다. 그래서 철야기도 때만큼은 이제껏 기도하지 못했던 기도제목들을 가지고 중보하는 것이 좋다.

　바울은 디모데전서 2장에서 "모든 사람을 위하여 기도하라"면서 특별히 한 대상을 정해준다. 그것은 '임금들과 높은 지위에 있는 모든 사람'이다. 왜 우리가 임금들과 높은 지위에 있는 사람들을 위해 기도해야 하는가? 바울이 이 말씀을 할 당시 시대 상황은 로마가 전 세계를 다스리고 있었으며 로마의 통치자들이 기독교인들을 극심히 핍박하던 때였다. 그런데도 바울은 그들을 위해 기도하라고 한다. 초대교회가 위정자들을 위해 기도한 사실을 여러 기록들에서 볼 수 있다.

　초대교회 교부 키프리안은 황제 데메트리아누스에게 보낸 편지 가운데 "우리 교회는 당신의 평안과 안전을 위해서 낮이나 밤이나 하나님께 기도드리고 있다"고 기록하고 있다. 안디옥의 교부 데오필루스는 "내가 황제에게 주는 영광은 제일 큰 것이다. 왜냐하면 내가 그를 예배하는 것이 아니라 그를 위해서 기도하고 있기 때문이다. 나는 황제도 하나님께로부터 임명받은 자라는 것을 알고 있다"라고 기록하고 있다. 우리는 이러한 편지를 보면서 초대교회 성도들이 위정자를 위해 얼마나 많이 기도했는지 알 수 있다. 이 세상 왕국을 통치하는 자들을 위해 기도하는 것은 교회가 맡은 중대한 의무인 것이다.

　우리는 흔히 정치가 개인의 삶과는 동떨어진 것으로 생각하기 쉽지만 결코 그렇지 않다. 한 가지 예로 이라크 전쟁이 김선일 형제의 죽음 이전에는 우리와 상관없다고 생각했는데 그 사건 후로 그렇지 않다는 사실을 알게 되었다. 또 이라크 파병 문제로 나라가 얼마나 시끄러웠고 우리 마음을 괴롭게 하고 힘들게 하고 가정의 행복을 위협하였는가? 지금 각 나라들은 홀로 동떨어져 생존할 수 없는 시대를 살고 있다. 주변 나라의 상황과 결정들이 자국에도 큰 영향을 미치는 시대인 것이다. 그러므로 우리가 위정자들을 위해 각 나라의 임금들을 위해 기도해야 할 이유가 충분하다. 그래서 디모데전서 2장 2절을 보면 '임금'이 아니라 '임금들'이라고 말하고 있다. 지금으로 말하면 '대통령들'을 위하여 기도하라는 말이다. 우리나라 대통령뿐만 아니라 다른 나라 대통령을 위해서도 기도하라는 것이다. 그 이유는 디모데전서 2장 2절에 잘 나온다. "이는 우리가 모든 경건과 단정함으로 고요하고 평안한 생활을 하려 함이니라"(딤전 2:2).

지도자를 위해 기도하는 것은 결국은 나와 내 가정이 고요하고 평안한 생활을 하게 되는 비결이다. '경건'은 하나님을 향한 신앙을 말한다. '단정'은 사람들과의 관계를 말한다. 말하자면 위정자들을 위한 기도는 우리의 신앙생활뿐만 아니라 일상생활과 직결된다는 것이다. 우리의 기도를 통해 위정자들이 정치를 잘하게 되고 그러면 나라가 평안하게 된다. 나라가 평안하면 교회가 예배와 전도의 자유를 누릴 수 있고, 개인과 가정도 평안할 수 있다.

그러면 왜 성경은 유독 임금들과 높은 지위에 있는 사람들을 위한 기도를 강조하고 있는가? 그 이유 중 하나는 위로부터의 개혁이 가장 강력하고 빠른 영향력을 미칠 수 있기 때문이다. 아래로부터의 개혁은 한계가 있다. 니느웨 성이 순식간에 회개하고 변화될 수 있었던 이유가 무엇인가? 왕이 회개하고 변화되었기 때문이다. 다시 말해 위로부터의 개혁이 있었기 때문이다. 하나님께서 먼저 왕을 변화시켜서 온 백성을 변화시키셨던 것이다.

"왕과 그 대신들이 조서를 내려 니느웨에 선포하여 이르되 사람이나 짐승이나 소떼나 양떼나 아무 것도 입에 대지 말지니 곧 먹지도 말 것이요 물도 마시지 말 것이며"(욘 3:7).

쉬운 예로 군대를 보라. 장로님인 사단장이 교회에서 주보를 나눠주고 있으면 아래 계급의 사람들은 꼼짝없이 교회에 나와야 한다.

내가 한 달에 두 번씩 인도하는 직장 신우회 예배에 참석하는 회원들 중에는 조선일보 용역팀 사람들이 80퍼센트 이상이다. 그 이유는 용역팀을 총괄하시는 분이 장로님이기 때문이다. 그분이 직원들에게 "내 말 안 들으면 국물도 없어!" 그러면서 다 데리고 나온다.

어떤 나라의 왕이 너무 잔인한 정치를 했다. 모두가 그를 싫어하고 하루 빨리 죽거나 물러나기를 원하고 있었다. 그러나 할머니 한 분은 늘 그 왕을 위해 기도하고 있었다. 조금도 쉬지 않고 기도했다. 이런 소문이 왕의 귀에 들어갔다. 왕은 자기가 그렇게 기도를 받을 만큼 좋은 사람이 아니라는 것을 스스로 알고 있었다. 그래서 신하를 보내 왜 그 할머니가 자기를 위해 그렇게 기도하는지 알아보았다.

할머니는 말했다.

"제가 어렸을 때 이 나라에 매우 잔인한 왕이 부임했습니다. 사람들은 그가 빨리 죽기를 바라고 있었습니다. 사람들이 바라는 대로 그가 죽었습니다. 그런데 후임으로 온 왕은 더 나쁜 사람이었습니다. 포악했습니다. 이전 왕이 죽으면 나라가 편안할 것이라고 기대했던 국민들은 더 실망했습니다. 지금 당신이 세 번째 왕입니다. 그런데 세 명 중에 가장 악한 왕입니다. 그러나 당신이 죽고 나면 더 악한 왕이 올까봐 나는 두려웠습니다. 그래서 저는 새로운 왕을 요구하기 보다는 당신을 위해 기도하는 것입니다."

그 폭군은 이 보고를 들었다. 그리고 회개하고 선한 정치를 했다고 한다. 결국 한 할머니의 왕을 위한 기도가 왕과 나라를 변화시킨 것이다.

우리가 지금까지 이렇게 자유롭게 신앙생활 할 수 있고, 또 마음껏 전도할 수 있는 것도 알고 보면 우리나라의 통치자들이 교회를 인정해 주고 보호해 주고 종교의 자유를 보장해 주기 때문이다. 그러나 아직도 세상에는 신앙의 자유를 허락하지 않고 교회를 폐쇄하며 신앙의 양심을 따라 살아가는 것을 용납하지 않는 나라가 많이 있다. 그런데 이런 일들이 저절로 되는 줄 아는가? 아니다. 그것을 위해 간절히 기도한 사람들이 있었기 때문이다. 그런 사람들의 기도 때문에 우리나라가 기독교를 탄압하지 않는 신앙의 자유가 있는 나라로 지금까지 올 수 있었던 것이다. 어느 시대건 기도가 살아 있으면 정부가 바로 세워지고, 성도들이 경건하고 단정한 중에 고요하고 평안한 삶을 살 수 있었다는 것을 기억하라. 그러나 기도가 그치면 이 나라에 무슨 환난이나 핍박이 닥칠지 모른다. 우리 교회가 과거 믿음의 조상들이 기도한 것 같이 기도하지 않으면 어떤 큰 위기를 맞게 될지 모른다. 위정자들을 위한 기도의 부재는 결국 개인과 가정과 민족의 고요함과 평안함을 빼앗아 가는 것이다.

여기서 우리가 한 가지 더 알아야 할 것은 임금들과 높은 지위에 있는 사람들을 위해 기도하라고 하는 것은 꼭 정치하는 위정자들만 가리키는 것은 아니라는 점이다. 위정자들을 위한 기도 못지않게 중요한 기도가 있다. 그것은 바로 교회 영적 지도자를 위한 기도다.

미국에는 사단교가 있다. 샌프란시스코는 사단교가 가장 왕성한 곳이다. 이곳에 있다가 빠져나온 한 사람의 양심선언을 보면 사단 숭배자들은 미국의 대표적인 목사들의 사진을 걸어놓고 집중적으로 저주하며 기도한다고 한다. 그 목사님들이 타락하고 낙심하여 더 이상 복음의 영향력을 미치지 못하도록 그렇게 하는 것이다.

피터 와그너 목사님의 책에도 이런 얘기가 나온다. 한번은 목사님이 여행을 하는데 옆에 앉은 분이 기도를 열심히 하더란다. 크리스천인줄 알고 어느 교파냐고 물었더니 자기는 '사단교'를 믿는다고 했다. 자기가 사는 뉴잉글랜드 지방의 다섯 교회를 놓고 집중적으로 기도하고 있으며, 지금 두 교회가 기도대로 무너졌고 아직 세 교회가 남아 있다고 했다. 섬뜩한 느낌이 들었다고 한다. 사단숭배자들은 복음의 영향력이 미치지 못하도록 하는 가장 좋은 방법이 영적 지도자들의 가정과 삶을 공격하는 것임을 알고 있다. 그러므로 우리는 정치지도자뿐만 아니라 교회지도자를 위한 기도를 쉬지 말아야 할 것이다.

그러면 우리는 영적 지도자를 위해 어떤 기도를 드려야 할까?

빌 하이벨스 목사는 그의 책 「리더십의 용기」(두란노서원)에서 성경에 나오는 영적 지도자들의 특별한 리더십의 강점이 자신의 삶에도 동일하게 나타날 수 있기를 기도했다고 한다. 이러한 강점들이 교회의 영적 지도자들에게 나타나기를 기도하자. 이 시대의 영적지도자들에게 꼭 필요한 자질이라고 생각한다.

기도에 목숨을 걸라

1. 낙천성(다윗)

다윗의 낙천성은 골리앗을 상대했을 때도 여실하게 드러났다. 심지어 그가 죽음의 위기에 몰리고, 범죄한 후에도 그의 낙천성은 여전히 그를 강하게 붙들고 있었다.

2. 사랑의 포용력(요나단)

요나단은 자신에게 위협이 되는 다윗에게까지 거짓 없는 사랑을 베풀었다. 그는 자신의 소유를 지키기 위해서 관계를 희생시키는 지도자가 아니었다.

3. 고결함(요셉)

요셉은 힘으로 인해 타락하지 않았다. 또한 물질로 인해 타락하지도 않았다. 그리고 이성적인 유혹 때문에 그가 가졌던 영성을 잃어버리지도 않았다.

4. 단호함(여호수아)

여호수아는 가나안 정탐꾼 중에서 거의 유일하게 하나님이 주실 승리에 대한 단호한 태도를 보였다. 또한 인생의 마지막 순간에도 나와 내 집은 여호와만을 섬기겠노라고 고백했다.

5. 용기(에스더)

에스더는 옳은 이을 위해 '죽으면 죽으리이다'라는 고백을 했다. 하나님의 명령을 행하기 위해 신분과 지위, 특권 심지어 생명까지도 잃을 각오가 되어 있었던 것이다.

6. 지혜(솔로몬)

솔로몬은 하나님이 주신 지혜로 백성들을 잘 다스렸다. 백성들이 해결하지 못한 문제를 하나님이 주신 지혜로 해결해 주었다.

7. 감정적 신뢰성(예레미야)

예레미야는 사역이 잘 되지 않을 때 하나님께 절망을 토로할 줄 알았다. 그는 버림받은 듯한 기분을, 미래에 대한 두려움을 솔직히 인정했다. 그런 다음 그의 상처받은 마음을 회복시켜 달라고 간구했다.

8. 축하하기(느헤미야)

느헤미야는 예루살렘 성벽 공사 후에 충성된 일꾼들을 위한 축하행사를 준비했다. 그는 축제를 열어 사람들을 기운 나게 하고 사기를 높일 줄 알았던 것이다.

9. 솔선수범(베드로)

베드로는 언제나 지키기 힘든 약속을 남발했다. 하지만 그는 열두 제자 중 유일하게 기꺼이 큰 소리로 말할 수 있는 사람이었다. 그는 항상 앞장서서 다른 사람들을 이끈 지도자였다.

기도에 목숨을 걸라

10. 열심(바울)

사도 바울은 예수님께 가장 큰 열심을 가졌다. 그는 싸우라고 말했고, 믿음을 지키라고 말했고, 끝마치라고 말했다. 그는 모든 에너지를 집중시켜 가장 중요한 경주에 매진했던 사람이었다.

우리는 남을 위해 기도하되, 특별히 영적 지도자들을 위해 중보기도해야 한다. 이들이 하나님을 두려워하고 하나님을 사랑하고 기도하는 지도자들이 되도록 기도할 때 이 땅에 큰 변화와 구원의 역사가 일어날 것이라 믿는다. 이 엠 바운즈는 다음과 같이 말했다. "기도는 사람을 만들며, 기도는 설교자를 만든다. 기도는 목사를 만든다."

"임금들과 높은 지위에 있는 모든 사람을 위하여 하라 이는 우리가 모든 경건과 단정함으로 고요하고 평안한 생활을 하려 함이니라"(딤전 2:2).

삼일교회 성도들의 **철야기도 스토리**

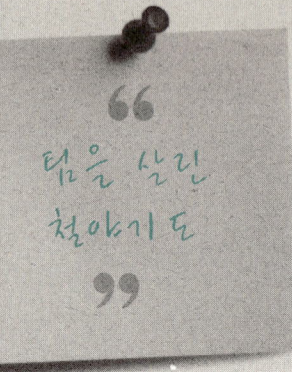

"팀을 살린 철야기도"

　내가 맡은 S간사 팀은 특별히 철야에 강했던 팀으로 기억된다. 그런데 그 간사는 부산에서 사업을 했기 때문에 철야에 거의 참석하기 힘든 상황이었다. 그래서 처음에는 몇몇 리더들을 중심으로 조촐하게 철야가 시작되었다. 많아야 두세 명 정도 참석했다. 그러나 시간이 갈수록 철야기도의 멤버도 늘어났고 심지어 초신자들도 모여들기 시작했다. 본당 앞자리에서 철야를 드리려면 늦어도 철야 한 시간 전에는 와야 자리를 잡을 수 있다. 그렇게 1시간 전에 와서 자리잡고 기다리면서 지체들과 다과를 나누고 얘기하면서 자연스럽게 친분도 두터워졌다. 어느 정도 시간이 지나서는 간사가 철야에 못 온다는 것이 더 이상 문제가 되지 않았다. 팀원간의 관계는 더 좋아졌다. 그 때문에 팀의 분위기도 점점 좋아졌고, 팀 모임의 규모도 20명대에서 30명대로, 곧 이어 40명대로 껑충 뛰어 올랐다.

　또 철야 1부를 마치고 팀원들끼리 간식을 나눠먹으면서 가족 같은 친밀감을 느끼게 되었다. 물론 팀이 하나 되기 위해서는 MT도 좋은 처방이지만 MT를 매주 갈 수는 없다. 하지만 철야는 마음만 먹으면 매주 할 수 있다. 그래서 나는 확신한다. 만약 팀원들이 함께 매주 철야를 꾸준히 드린다면 부흥과 하나됨에서 MT를 자주 가는 것보다 훨씬 긍정적인 효과를 체험할 수 있다고 말이다. 그 팀은 나중에 숫자가 많아 두팀으로 나눠지게 되었고 3-4개월 후 다시금 원래의 숫자로 회복되었다. 철야기도의 힘으로 말이다.

- **강현종 간사**(이랜드 근무)

다양한 기도를
시도해 보라

철야기도는 충분한 기도의 시간이 있기 때문에 여러 가지 유형의 기도를 시도해 볼 수 있는 좋은 기회다. 성경에 나타난 여러 가지 기도의 유형들과 지금까지 시도해 보지 못한 기도를 해볼 수 있다.

무릎 꿇고 기도하기(왕상 8:54, 행 9:40), 엎드려 절하는 자세로 기도하기(출 34:8, 시 72:11), 서서 기도하기(느 9:5, 눅 18:13), 손을 들고 기도하기(대하 6:12-13, 딤전 2:8), 걸으면서 기도하기(왕하 4:35), 부복하여 기도하기(수 7:6, 막 14:35), 벽을 보고 기도하기(왕하 20:2), 옆 사람과 손잡고 기도하기, 일으켜 세워서 기도해 주기, 팀원들끼리 그룹으로 기도하기, 포옹하며 기도하기 등등….

이런 기도의 시도들이 의외로 우리의 기도를 더 뜨겁게 하고, 성도들 간의 따뜻한 사랑의 교제의 문을 열어준다. 철야기도 시간은 하나님을 만나는 시간임과 동시에 성도들과의 만남의 시간임을 기억하자. 밤을 꼬박 새우면서 내 옆에 누가 앉았는지도 모르다가 돌아가는 것이 안타깝지 않은가? 기도하는 옆 사람의 얼굴을 쳐다보라. 스데반의 얼굴을 보는 것 같을 것이다. 그리고 기도로 녹아내린 성도들의 모습 속에서 예수님의 형상을 발견할 수 있을 것이다.

디모데전서 2장 1절에 이런 말씀이 있다.

"그러므로 내가 첫째로 권하노니 모든 사람을 위하여 간구와 기도와 도고와 감사를 하되."

이 말씀에 보면 네 가지 기도의 종류가 나온다. '간구, 기도, 도고, 감사' 다. 특별히 '간구, 기도, 도고' 이 세 가지는 같은 기도의 종류 같지만 엄밀히 따지만 조금씩 의미가 다르다.

'간구'는 긴박한 상황에서 하나님께 해결을 요구하는 것을 말한다. 쉽게 비상기도제목이다. '기도'는 하나님과의 대화를 의미한다. 간구는 달라고 하는 것이지만 기도는 꼭 달라고만 하는 것은 아니다. 하나님의 뜻을 구하고 "제가 무엇을 할까요? 주여 말씀하옵소서!" 하고 하나님의 음성을 듣고 묻는 것이 기도다. '도고'는 남을 위하여 드리는 중보기도를 말한다. 바울이 모든 사람을 위해 기도하라고 하면서 왜 이와 같이 다양한 형태의 기도를 열거하는 것인가? 그 의도가 무엇인가? 한 마디로 사용 가능한 모든 형태의 기도를 총동원해 간절한 마음으로 기도하라는 것이다.

한 가지를 붙잡고
충분히 기도하라

깊은 기도의 경지를 맛보기 위해서는 한 기도제목을 놓고 짧게 기도하기보다는, 30분 이상 길게 기도하는 것이 필요하다. 현대인들은 한꺼번에 많은 것들을 이루어 내려고 하고, 한 가지를 지속적으로 하지 못하는 습성이 있다. 기도도 마찬가지다. 성도들을 보면 오래 기도하는 것에 익숙하지 못하고, 장시간 기도하게 되면 일할 시간을 빼앗기고 있다는 조바심을 느끼는 것 같다.

많은 기도회를 인도하면서 느끼는 것은 전교인이 한 가지 기도제목을 놓고 30분 이상 쉬지 않고 합심 기도할 수 있는 교회라면 강력한 교회가 될 수 있다는 것이다. 그런데 어떤 교회에 가보면 성도들이 5분도 합심기도를 하지 못한다. 5분 정도 지나면 나 혼자 대표기도하고 있는 경우도 있다.

어떤 성도들은 5분 정도 기도하자고 하면 그래도 잘 한다. 그런데 15분 이상 기도하자고 하면 벌써 몸을 비틀고, 주위를 둘러보고, 기도실을 나왔다 들어갔다 한다. 물론 장시간 기도하는 것의 약점도 있다. 장시간 기도의 약점이라면 기도 훈련이 덜 된 성도에게 부담이 될 수 있고, 기도회 중간 중간에 성도들의 이동이 있을 수 있다.

그러므로 인도자가 성도들의 상황과 영적인 분위기를 잘 파악해서 시간을 알맞게 배정하는 것이 중요하다. 성도들이 너무 힘겨워하는 기색이면 짧게 여러 번 기도하다가, 어느 정도 기도의 문이 열리고 기도의 불이 붙게 되면 시간을 차츰 늘려가는 것도 좋은 인도 방법이다.

삼일교회 성도들의 **철야기도 스토리**

> *"*
> 내 가족을 살린
> 철야기도
> *"*

1996년 어느 날로 기억된다. 고등학교 때부터 목회자로 부름을 받았다고 생각한 나는 기도의 맛을 보기 시작했다. 바로 삼일교회 철야기도를 통해서다. 삼일교회에서 처음 드리는 철야기도는 나에게 충격이었다. 담임 목사님이 기도를 시키는데 "나라와 민족을 위해, 교회를 위해, 자신의 문제를 위해 2시간 동안 기도하겠습니다"라고 하시는 것이었다. 20분 기도하기도 벅찬데 2시간을 기도하자니 참 당황하지 않을 수 없었다. 그런데 목사님부터 목숨 걸듯 열심히 기도하시는 모습을 보니 저절로 힘이 솟는 기분이었다. 아직도 그때를 잊을 수 없다.

나는 그때까지 나라와 민족을 위해, 교회와 가정을 위해, 개인을 위해 그렇게 간절히 기도해 본 적이 없었다. 그렇게 삼일교회에서 처음 철야기도를 하고 나서 점점 철야기도의 매력에 빠져들기 시작했다.

당시 나는 불신 가정에서 혼자 신앙생활을 하고 있었다. 그런 나에게 가족 구원은 가장 큰 기도제목이었다. 불교 집안에서 나름대로는 기대를 받고 컸는데 고등학교 때부터 목사가 되겠다고 하니 집안이 뒤집어졌다. 90년부터 시작된 집안에서의 영적 싸움이 96년까지 계속 되고 있었다. 그때 나에게 큰 힘이 된 것이 철야기도였다.

"밤을 새워 기도할 힘이 남아 있다면 고난은 고난이 아니다!"라는 생각으로 철야기도를 사모했었다. 특별히 가족 구원을 위해 혼신의 힘을 다해 기도했다.

철야기도는 능력으로 나타났다. 지금 내 기억으로 철야기도를 시작한 지 1년이 채 되지 않아서 어머니가 교회를 다니기 시작하셨다. 그리고 어머니가 여동생을 전도하게 되었고, 가족들이 하나둘 씩 교회에 나오기 시작했다. 나에게 가장 큰 기도의 제목이기도 했던 가족 구원이 이루어지기 시작한 것이다.

내가 철야기도를 잊을 수 없는 이유는 가장 사랑하는 가족이 철야기도를 통해 돌아왔기 때문이다. 지금 나의 가족은 둘도 없는 나의 기도의 후원자이다. 철야기도가 내 가족을 살렸다.

그리고 삼일교회의 철야기도를 통해 애국을 배웠다. 나름대로는 나라를 사랑한다고 했지만 나라를 위해 목숨을 거는 마음으로 기도해 본 적이 없었다. 삼일교회의 철야기도는 나라를 가장 구체적으로 사랑하는 방법을 깨닫게 했다. 바로 기도였다. 나라를 생각하며 불평하고 비판하고 원망하던 내가 나라를 위해 기도하는 순간 이 나라를 더 깊이 사랑하게 되었다.

그리고 나라와 민족을 위해 부르짖는 것은 나의 그릇이 커지는 계기가 되었다. 생각과 행동과 말 속에 나라를 염두에 두는 사람으로 변화되기 시작한 것이다.

누가 이런 말을 했다. '새벽기도는 미래를 위해 준비하는 기도이고, 철야기도는 닥친 문제를 이기는 기도'라고…. 삼일교회의 철야기도는 내 인생의 전환점이었다. 감당할 수 없는 수많은 문제들을 이기도록 해주었다.

체험한 자가 이끌 수 있다고 했던가? 삼일교회 철야기도의 힘을 체험한 나는 이곳 자인교회로 와서 철야기도를 심지 않을 수 없었다. 현재 자인교회는 심야기도에서 철야기도로 진행중이다. 처음에는 밤 9시 30에 시작해서 11시 30에 마치는 심야기도였다. 그러나 이제는 밤 9시 30에 시작해서 새벽 12시 30분에 마친다. 아직 여러 상황적 요인 때문에 더 오래는 못하고 있다. 그러나 하나님이 기회를 주신다면 언젠가는 삼일교회처럼 1부와 2부로 나누어서 기도회를 갖게 되리라 믿는다.

하나님은 기도를 통해 일하신다고 믿는다. 하나님을 체험하고 싶다면 깊이 기도하면 된다. 삼일교회의 철야기도는 깊은 기도, 응답받는 기도, 애국하는 기도를 알게 해 준 내 인생의 스승이다.

"밤을 새워 기도할 힘이 남아 있다면 문제는 더 이상 문제가 아니다!"

— **박종범 목사**(전 삼일교회 부목사, 현 경산자인교회 담임목사)

chapter 09

양들을 기도의 자리로 인도하라

성도들이 기도의 응답을 받고 하나님의 풍성한 은혜를 누리기 위해서는 일단 철야 기도의 자리에 나와 앉아 있는 것이 중요하다. 자의든 타의든 은혜의 길목에 앉아 있는 자체가 축복이다. .

- 지도자가 앞장서기
- 기도의 능력을 맛보여 주라
- 기도의 최적 환경을 마련해 주라
- 격려하고 시상하라
- 지도자들의 권면과 독려가 필요하다

지도자가 앞장서기

교회들마다 한 가지 공통점이 있다면 그 교회 부교역자들과 성도들은 담임목사님을 점점 닮아간다는 것이다. 이것은 부인할 수 없는 사실이다. 담임목사님의 어투, 기도하는 스타일, 심지어 성격과 생각까지 닮아가는 것을 볼 수 있다. 한번은 극동방송을 통해 어느 교회 출신 목사님이 설교하는 것을 보게 되었는데 목소리 톤과 억양이 거의 그 교회 담임목사님과 흡사했다. 아니 그 담임목사님이 설교하시는 줄 알았다.

이처럼 영적 지도자의 영향력은 강력한 것이다. 그래서 기도 많이 하는 지도자 밑에는 기도 많이 하는 성도들이 있고, 설교 잘하는 목회자에게서 설교 잘하는 제자들이 배출되고, 온유하고 겸손한 지도자 밑에 온유하고 겸손한 성도들이 있다. 지도자의 강조점과 성향대로 성도들도 닮아간다. 내가 아는 어떤 교회에서는 거의 매일 담임목사님이 철야기도를 인도하는데 성도들도 기도에 목숨 건 것처럼 열심이다. 성도들은 들은 대로 행하는 것이 아니라 본 대로 행하는 것이다.

내 인생에 지대한 영향을 미친 사람들을 떠올려보라. 그들의 말은 기억나지 않아도 그들의 행함은 선명하게 기억이 날 것이다. 성도들은 자기는 뒤로 물러나 있으면서 "앞으로 진군하라"고 명령하는 지도자보다

"나를 따르라"고 외치면서 솔선수범하는 지도자를 더 믿고 따른다.

영적 지도자들은 자칫 잘못하면 매너리즘에 빠져 정작 본인은 기도하지 않으면서 성도들 보고는 기도해야 한다고 소리치는 어리석음을 범할 수 있다. 오늘도 성도들이 기도하라고 외치는 입술을 보지 않고, 기도하는 무릎을 보고 있음을 기억하자.

사도행전 1장 1절에 보면 "데오빌로여 내가 먼저 쓴 글에는 무릇 예수께서 행하시며 가르치시기를 시작하심부터"라는 말씀이 있다. 우리 주님은 매사에 본을 보이셨다. 자신은 섬기지 않으면서 제자들에게 섬기라고 말씀하지 않으셨고, 자신은 기도하지 않으면서 제자들에게 기도를 강요하지 않으셨고, 자신은 전도하지 않으면서 제자들보고 왜 전도하지 않느냐고 다그치지 않으셨다. 어떻게 오합지졸 같은 12명의 제자들 대부분이 순교자가 될 수 있었는가? 예수님께서 자신의 몸을 영혼들을 위해 버리셨기 때문이다. 에스라서 7장 10절에서도 "에스라가 여호와의 율법을 연구하여 준행하며 율례와 규례를 이스라엘에게 가르치기로 결심하였었더라"고 했다. 에스라는 하나님의 말씀을 백성들에게 가르치기 전에 자신이 먼저 하나님의 말씀을 연구하고 준행했다. 이것이 강력한 리더십의 핵심이다. 행함으로 본을 보이는 것보다 더 강력한 영향력은 없다. 기도의 용장 밑에서 기도의 용사가 나온다는 것을 기억하자.

"형제들아 너희는 함께 나를 본받으라 그리스고 너희가 우리를 본받은 것처럼 그와 같이 행하는 자들을 눈여겨 보라"(빌 3:17).

기도의 능력을
맛보여 주라

철야기도에 성도들이 많이 모이게 하는 방법은 의외로 간단하다. 그곳에 은혜가 넘치면 된다. 철야기도를 통한 응답의 간증이 있으면 된다. 성도들의 영적인 갈급함을 해소시켜 주면 된다. 그러면 성도들의 입에서 입으로 좋은 소문이 퍼질 것이고, 성도들이 점점 많이 모여드는 것은 당연한 일이다. 철야의 은혜를 체험하고 기도의 능력을 맛본 사람은 피곤함에도 불구하고 기도의 자리로 또 달려 나올 것이기 때문이다. 사람들은 자신의 필요가 채워지는 곳이면 어디든지 달려가고, 자신에게 도움이 되는 일이라면 무슨 일이든지 기꺼이 할 준비가 되어 있다.

왜 예수님께서 아무도 없는 빈들에 계셔도 사람들이 몰려들었는가? 이걸 지금 식으로 표현하자면 "왜 예수님은 광야나 산꼭대기에 개척교회를 해도 금방 부흥했는가?"이다. 그 이유는 쉽게 말해서 예수님께 가면 먹을 것이 있었기 때문이다. 예수님께 가면 병 고침이 있고, 영생의 말씀이 있고, 천국복음이 있었다. 예수님은 사람들의 필요를 알고 그것을 채워주셨다.

교회 부흥의 원리와 가장 흡사한 곳이 바로 식당이 아닌가 싶다. 손님이 항상 들끓고 잘되는 식당은 다른 외형적인 조건보다는 맛 하나가 탁월하다는 특징이 있다. 철야기도도 마찬가지다. 뜨거움과 은혜, 응답이 있으면 성도들은 모여든다.

요즘 많은 교회들이 청년들이 교회를 떠나간다고 아우성이다. 그렇지만 청년들만 탓할 것이 아니라 왜 청년들이 교회를 떠날 수밖에 없는지 그 이유를 깊이 생각해 봐야 한다. 교회가 너무 장년층 중심으로 흘러가고 있지는 않은지, 너무 율법적으로 청년들을 얽어매지는 않은지, 교회가 주는 재미보다 세상의 재미가 더 달콤한 것은 아닌지 돌아봐야 한다. 그리고 청년들이 교회를 떠나는 이유를 알았으면 청년들을 배려하는 교회 문화를 만들고, 청년들에게 표현의 자유를 주고, 세상의 재미를 능가하는 영적인 즐거움을 느끼게 해주면 청년들은 다시 모여들게 되어 있다.

성도들을 만나보면 두 종류의 성도가 있는 것 같다. 어떤 성도는 수십 년 신앙생활을 했음에도 불구하고 기도응답을 받은 경험이 거의 없다. 대화의 내용이 세상 사람과 다르지 않다. 먹는 얘기하고, 연예인들 얘기나 한다. 반면에 어떤 성도는 기도의 열매가 주렁주렁 맺혀 있다. 밤새도록 간증해도 시간이 모자랄 정도다. 그 사람은 시냇가에 심은 나무 같다. 어려움이 와도 별 걱정이 없다. 기도하면 된다는 확신이 있기 때문이다.

다윗은 이 기도의 능력을 알았기에 시편 116편 2절에서 "그의 귀를 내게 기울이셨으므로 내가 평생에 기도하리로다"라고 했다. 평생 기도하면 하나님께서 평생 응답해 주신다.

철야도 마찬가지다. 성도들 보고 "왜 철야에 나오지 않느냐? 왜 기도하지 않느냐?"고 탓하지 말고, 지도자가 성도들 스스로 철야에 나올 수밖에 없도록 은혜를 끼치고, 기도의 참맛을 보여주면 되는 것이다.

"너희는 여호와의 선하심을 맛보아 알지어다"(시 34:8).

기도의 최적 환경을
마련해 주라

　요즘 대형교회를 일컬어 백화점식 목회를 지향한다고 말한다. 이것은 성도들의 영적기호에 맞게 다양한 프로그램을 교회에서 제공해 주는 것이다. 성도들은 백화점에 진열된 상품을 고르듯이 자신이 원하는 프로그램을 선택할 수 있다. 그래서 대형교회에 가보면 주중에도 수많은 모임들이 이루어지고 있다.
　그러나 많은 성도들이 기도에 굶주려 있는데 교회가 그것을 만족시켜 주지 못하는 경우가 있다. 주중에 문을 닫는 교회도 있고, 고작해야 새벽에 잠깐 기도회를 가지는 정도다. 목회자는 성도들이 마음 놓고 기도할 수 있는 장소와 시간들을 많이 확보해 줘야 한다. 성도들의 의견을 수렴해서 기도회 성격에 맞게 담당 교역자를 세워주는 것도 괜찮고, 목회자가 직접 기도모임을 만들어 주도적으로 성도들을 이끌수도 있다. 새벽기도회 뿐만 아니라 주중에 여러 기도모임을 만들면 성도와 교회는 더 강력해질 것이다.
　특별히 철야는 장시간 기도해야 하므로 넓은 장소를 확보하는 것이 좋다. 장소가 비좁으면 기도하는 데 큰 불편함이 있으므로 될 수 있으므로 옆 사람에게 방해와 부담을 주지 않는 충분한 장소를 확보하는 것

▲ 철야기도를 마친 후 숙소로 사용하고 있는 영유아부실

이 중요하다. 삼일교회 철야는 그야말로 콩나물시루 같다. 교육관을 건축했음에도 성도들의 숫자에 비해 장소가 협소하기 때문이다. 2층 본당에 한 자리도 빈자리가 없도록 앉고 그것도 모자라 3층도 가득 찬다. 교인들이 맘놓고 기도할 수 있도록 환경을 만들어 주어야 하는데 그러지 못해 늘 안타깝다.

또 철야기도를 마치고 밤늦게 무사히 귀가할 수 있도록 교회에서 차편을 제공해 주거나, 카풀 게시판을 만들어 같은 지역의 성도끼리 묶어 주는 것도 좋다. 그리고 철야기도를 마치고 출근 전까지 잠시 쉴 수 있는 공간도 확보해 주라. 그러면 토요일 출근자도 한결 가벼운 마음으로 철야기도에 참석할 것이다. 보통 철야가 끝나는 시간은 대중교통을 이용할 수 없는 때이므로 한두 시간 쉴 수 있는 장소가 있으면 좋다. 삼일교회는 영유아부실과 유치부실을 개방해 남, 녀가 따로 쉴 수 있도록 해두었다. 어떤 지체들은 침낭을 가져와 좀더 편안하게 잠을 청하기도 한다. 이런 장소와 분위기적인 배려가 있다면 철야기도에 더 많은 사람들로 차고 넘치리라 믿는다.

격려하고
시상하라

선한 일에는 항상 시상하고 격려하는 것이 필요하다. 시상과 격려의 방법을 몇 가지 생각해보자. 우선 1년 52주 중에서 80퍼센트 이상 철야에 참석한 사람의 이름을 동판에 새겨서 교회 한쪽 벽면에 걸어두는 것이다. 삼일교회 특별새벽기도 참석자는 그렇게 하고 있다. 또 다른 격려 방법은 철야 개근자를 6개월 단위나, 1년 단위로 끊어서 주일저녁 예배 때 전교인 앞에서 시상하고, 그 중에서 몇 사람을 뽑아서 기도응답 간증을 시키는 것으로, 이것은 성도들의 기도생활을 고무시키는 좋은 방법이 될 것이다. 항상 어떤 일을 하고 난 뒤에는 격려하고 시상하는 것으로 마무리함이 좋다.

실제로 삼일교회에서는 모든 예배 출석통계와 사역의 결과를 매주 삼일교회 홈페이지와 〈전병욱 목사님과 함께〉 게시판에 보고서 형식으로 게시하고 있다. 그리고 사역의 결과에 대한 목사님의 평가가 있다. 이러한 통계와 자료, 평가 때문에 성도들이 더욱 고무, 격려될 수 있고, 선의의 경쟁으로 인해 부흥의 가속화가 이루어질 수 있다.

내가 맡은 진에는 열여덟 개의 대학청년부 팀들이 있다. 이 팀들도 진 장인 나에게 매주 평가 받고, 잘한 팀은 어떤 방법으로든 시상하고 있다. 예를 들어 목요 진기도회에 가장 많이 모인 1등팀, 전도를 가장 많이 한 팀, 팀출석목표 달성팀, 심지어 게시판에 가장 많은 글을 올린 사람에게도 상이 수여된다. 그리고 매주 제출하는 팀지에는 양떼들의 주중 예배참석 여부와 영적인 상태를 체크, 점검할 수 있는 공간도 있다. 팀지를 보면 한 눈에 그 팀과 리더들, 팀원들의 영적상황을 볼 수 있다. 팀지에는 팀에서 철야기도회에 몇 명이 참석했는지 여부도 기록된다. 이렇게 지도자는 성도들의 주중 영적 상태를 점검해 주고, 또 성도들에게 구체적인 목표를 정해 주고, 그 목표를 달성했을 경우에는 많은 성도들 앞에서 칭찬하고 시상하는 것이 좋다.

지도자가 실수하는 것 가운데 하나는 지도자가 되면 칭찬보다 책망을 많이 하게 된다는 것이다. 잘하는 것은 당연하다고 느끼고 못하는 것은 크게 보이기 때문이다. 그래서 영적인 지도자가 의외로 격려하고 칭찬하는 데 인색할 수 있다. 하지만 성도들은 영적인 지도자의 칭찬에 항상 굶주려 있고, 지도자의 칭찬과 격려 한마디에 힘과 용기를 얻고 용기백배하게 된다는 것을 기억하자.

지도자들의 권면과 독려가 필요하다

성도들이 기도의 응답을 받고 하나님의 풍성한 은혜를 누리기 위해서는 일단 철야 기도의 자리에 나와서 앉아 있는 것이 중요하다. 자의든 타의든 은혜의 길목에 앉아 있는 자체가 축복이다. 마귀는 이것을 알기 때문에 어떻게 해서든지 기도의 자리, 은혜의 자리에 나가지 못하게 유혹의 덫을 놓는다.

사도행전 2장에 나오는 나면서 앉은뱅이였던 사람이 어떻게 뛰어 서서 걸을 수 있었는가? 성전 미문에 앉아 있었기 때문이다. 베드로와 요한이 다니는 길목에 앉아 있었기 때문이다. 놀아도 은혜의 길목에서 놀고, 졸아도 은혜의 길목에서 조는 사람은 복이 있는 사람이다.

이렇게 성도들이 철야의 은혜를 누리도록 돕기 위해서는 교역자가 먼저 간사들을 권면하고, 교역자의 권면을 받은 간사가 힘을 얻어 리더들을 권면하고, 또 리더가 은혜 받아 팀원들을 권면해서 철야의 자리에 나오게 하는 순기능적 연쇄작업이 이루어져야만 한다.

나는 금요일만 되면 간사들에게 문자메시지를 보낸다.

"오늘은 철야기도가 있는 날입니다. 철야는 응답이고 능력이고 축복입니다."

▲ 함께 기도하고 있는 삼일교회 청년들

"철야에 혼자만 오지 말고 한 사람씩 손잡고 나옵시다."

이 정도만 문자 메시지를 보내도 양떼들이 철야의 자리를 기억하게 될 것이고, 다른 약속을 잡거나 다른 생각을 품지 못할 것이다.

사실 피곤하고 잠이 쏟아지는 그 늦은 시간에 철야에 참석하도록 전화하고 격려하지 않으면 어느 누구라도 나오기가 쉽지 않다. 그 시간에 편히 자고 싶은 것이 인지상정이기 때문이다. 그래서 새벽기도에도 모닝콜이 필요한 것이고, 철야도 인간의 생리적인 수면의 욕구를 이기고 기도의 자리에 나올 수 있도록 서로 간의 권면과 독려가 필요한 것이다. 당장에는 나를 편히 잠자지 못하게 하는 그 사람이 야속하다고 생각할 수 있겠으나, 철야를 통해 그 무엇과도 비교할 수 없는 기도의 은혜를 맛본 뒤에는 불평이 감사로 바뀌게 될 것이다.

기도에 목숨을 걸라

삼일교회 대학청년부 핵심 사역자인 간사들의 평균 휴대폰 전화요금은 10만 원이 넘는다. 그만큼 주중에 팀원들에게 많은 전화와 문자메시지를 보낸다. 새벽 모닝콜은 물론이고, 각종 공식적인 예배 참석을 권유하고, 모임을 공지하고, 연약한 지체들을 돌아보느라 간사들의 휴대폰은 쉴 새가 없다. 철야도 마찬가지다. 철야 시작 전에 양들을 철야의 자리로 호출하기 위해 간사들의 휴대폰은 불이 난다. 이처럼 양떼들을 권면하고 독려하는 간사들의 사역이 삼일교회 청년부흥을 가져다주었다고 해도 과언이 아니다.

"네 양떼의 형편을 부지런히 살피며 네 소떼에게 마음을 두라"(잠 27:23).

chapter 10
철야기도 인도자 매뉴얼

하나님의 말씀을 여는 열쇠는 기도이고, 강력한 기도 응답의 비결은 하나님의 말씀에 있다. 기도에 의해서 말씀이 열리고, 하나님의 말씀에 의해 기도가 풍성하고 강화되고 견고해진다.

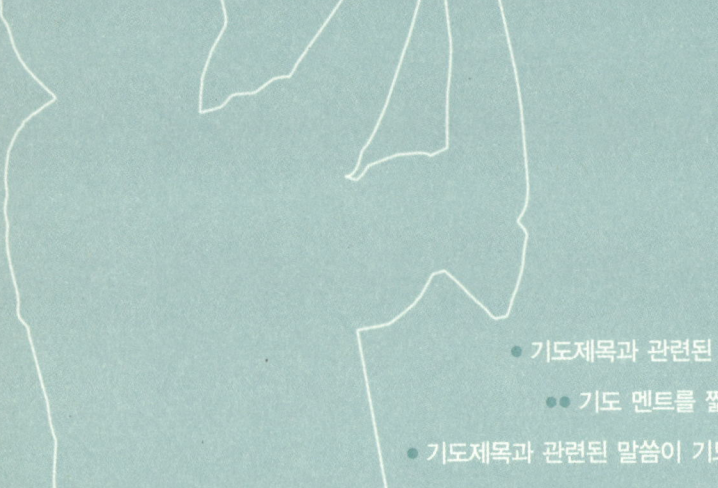

- 기도제목과 관련된 찬양을 준비하라
- 기도 멘트를 짧게, 기도는 길게
- 기도제목과 관련된 말씀이 기도에 불을 붙인다
- 혐오감을 주는 행동은 삼가라
- 철야기도 진행자 역할 분담

기도제목과 관련된
찬양을 준비하라

철야기도에 있어서 찬양이 차지하는 비중은 가히 절대적이라고 할 수 있다. 어떤 때는 영감 있고 은혜로운 찬양 한 곡이 전 성도의 심령에 기도의 불을 붙이기도 한다. 모든 찬양은 기도제목과 관련 있는 것이 좋다. 기도제목과 관련이 없는 전혀 엉뚱한 찬양을 부르면 기도의 문이 막힐 수 있기 때문이다.

나는 기도제목을 나누기 전에 기도제목과 관련이 있는 찬양을 한 곡 하고, 기도하고 나서 다시 기도제목과 관련된 찬양을 한 곡 더 부른다. 그러면 더 큰 은혜가 임하는 것을 본다. 철야 후반으로 갈수록 더 피곤하고 졸음이 몰려올 수 있으니 빠른 찬양을 많이 하는 것이 좋다.

그리고 찬송가와 복음성가는 적당히 섞어서 부르는 것이 좋다. 철야에는 젊은이와 장년들이 섞여 있으므로 젊은이 취향에 맞는 복음성가만 부르지 말고, 찬송가도 꼭 부르도록 하라. 그리고 너무 고음의 찬양이나, 어려운 찬양, 한 번도 불러보지 않은 찬양은 삼가라. 철야기도 인도자는 일주일 동안 기도하면서 선곡하는 데 심혈을 기울여야 한다.

나는 철야기도를 인도할 때마다 찬양 콘티를 짜기보다는 미리 주제별로 수백 곡을 준비해서 영적인 분위기에 따라 그때그때 곡을 선택하는 편이다. 물론 처음 부르는 곡은 미리 싱어들에게 악보를 카피해서 나누어 주고 연습하게 한다.

　삼일교회는 항상 찬양을 업그레이드하고, 새로 부르는 찬양과 가장 즐겨 부르는 찬양은 찬양집을 만들어 전 성도들에게 배포한다. 또 시중에 판매되는 찬양집 중에 삼일교회 전용 찬양집으로 하나 지정해서 회중이 찬양할 때 사용한다.

　나는 영적 지도자에게는 찬양의 은사가 어느 정도 있어야 한다고 생각한다. 왜냐하면 그만큼 교회사역에 있어서 찬양이 차지하는 자리가 크기 때문이다. 성도들의 삶 자체가 찬양이라고 볼 수 있는데 찬양의 은사와 영감 없이 성도들을 이끌 수 있겠는가?

삼일교회 성도들의 **철야기도 스토리**

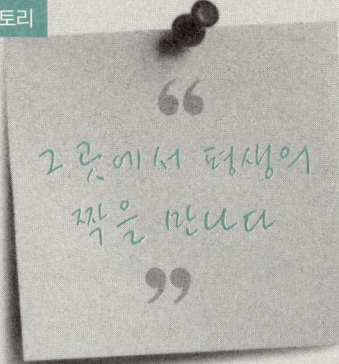
"그곳에서 평생의 짝을 만나다"

내가 팀 리더를 하고 있을 때였다. 대만 선교를 가면서 알게 된 집사님께서 자매를 소개 시켜주셨다. 그 자매는 다름 아닌 우리 팀 간사였다. 상당히 부담스러운 마음으로 기도하며 망설이던 중 하나님께서는 확실한 만남의 계기를 마련해 주셨다.

보통 팀원들이 함께 철야 2부 예배까지 드렸는데 이날은 하나님의 예비하심이었는지 그 간사 옆에 앉아서 철야 2부 예배까지 드리게 되었다. 한 줄에 우리 둘만 나란히 앉게 되어 약간은 어색한 상황이었다. 그런데 그때 2부 예배를 인도하시는 목사님께서 기도제목을 주시고는 옆 사람의 손을 잡고 기도하라고 하셨다. 보통 양 옆 사람의 손을 하나씩 잡는데 이때는 우리가 앉은 줄에 둘밖에 없었다. 그래서 양 손으로 그 간사의 손을 덥석 잡고는 기도했다. 내 마음이 양 손을 통해 고스란히 그녀에게 전달되었으리라. 결국 우리 사이는 그 이후에 더욱 발전되었고, 그 때 철야 2부 예배를 인도해 주신 목사님의 주례로 결혼까지 골인했다.

돌이켜 보면 순탄하지 않은 철야 기도의 시작이었지만 하나님께서는 이 기도를 통해 기도의 훈련을 시켜 주셨고, 신앙이 한층 더 성장하는 계기를 마련해 주셨다. 또한 내 인생에 깊이 개입하셔서 믿음의 가정을 이룰 수 있는 축복도 주셨다. 이런 귀한 은혜를 앞으로도 삼일 교회의 많은 성도들이 함께 누리길 기도한다.

— **이영규 집사**(목자, 초등학교 교사)

기도 멘트는 짧게,
기도는 길게

　회중들과 기도제목을 나눌 때는 짧고 간략하게 나누는 것이 좋다. 너무 사족(蛇足)을 많이 달지 말라. 기도제목을 너무 길게 나누면 성도들의 기도하는 시간이 그만큼 줄어들고, 설교인지 기도제목을 나누는 것인지 분간할 수 없게 된다.
　한번은 어떤 부교역자가 한 가지 기도제목을 나누는데 20분이나 걸린 적이 있다. 그런데 정작 기도시간은 2-3분밖에 되지 않았고, 설교시간도 15분밖에 되지 않았다. 성도들은 기도하기 위해 왔지 부교역자 간증을 듣기 위해 철야의 자리에 온 것이 아니라는 것을 기억하자. 되도록 기도 멘트는 짧게, 기도는 길게 하는 것이 바람직하다. 그렇게 하기 위해서는 즉흥적으로 기도제목을 던지기 보다는 미리 성도들과 함께 기도할 기도제목을 요약 정리해서 강단에 올라가라. 준비되지 않는 말은 항상 길어지게 마련이다.
　"기도 멘트는 최대한 짧게, 기도는 길게 하라!"

기도제목과 관련된 말씀이
기도에 불을 붙인다

내가 아는 어떤 형제는 하숙을 하고 있다. 처음에 그 하숙집에 들어갈 때 하숙집 주인이 아주 열심히 교회 다니는 집사님이라고 해서 안심하고 그 집에 들어갔다고 한다. 가서 보니 정말 그 하숙집 주인 집사님은 새벽기도 한 번 안 빠질 정도로 열심히 신앙생활을 하시는 분이었다. 그런데 문제가 생겼다. 그 주인 집사님이 하숙생들이 작은 실수를 하거나 친구들 데리고 와서 조금만 떠들어도 방을 빼라고 하는 것이다. 어떤 때는 아예 짐을 싸 주면서 나가라고 한단다. 완전 혈기 충만이다. 한 두 번의 실수를 용납하지 못하는 것이다. 그래서 이 형제는 "이게 도대체 뭔가? 신앙이란 무엇인가?" 라는 딜레마에 빠졌다고 호소했다. 문제는 이처럼 신앙과 삶이 별개인 교인들이 생각보다 많다는 것이다. 어떤 청년은 이런 말을 했다. 직장에서 부장님이 교회 집사님이라는데, 늘 담배를 입에 물고 있고, 회식하고 2차, 3차 가는 데 선봉에 선다는 것이다.

왜 사람들이 이와 같이 예수 믿는다고 하면서 인격의 변화와 삶의 열매가 없고, 이중적인 삶을 사는 것인가? 그러한 성도들을 접하면서 과연 무엇이 문제인가 상담하고 살펴보니 가장 근본적인 문제는 말씀의 뿌리가 없다는 데 있었다. 마음밭이 가시밭이요, 돌짝밭이기 때문이다. 교회만 왔다 갔다 했지 말씀에 대한 깊은 묵상과 순종하는 훈련이 되어 있지 않다는 것이다. 말씀의 브레이크가 고장 나 있는 것이다. 말씀을 통해 자신의 혈기와 정욕과 분노를 다스리는 법을 모르는 것이다.

인간은 얼마나 교활하고 이중적인지 모른다. 예수 믿는 사람들이라고 예외는 아니다. 누구에게나 이런 모습들이 잠재되어 있다. 그러면 이러한 우리의 세상적인 혈기와 정욕, 욕심이 내 뜻대로 제어되는가? 직분 받고 교회 문턱만 밟는다고 해서 해결될 문제가 아니다. 말씀의 능력으로 제어하고 다스려야 한다. 그래서 시편 119편 9절에서는 이렇게 말씀하고 있다.

"청년이 무엇으로 그 행실을 깨끗하게 하리이까? 주의 말씀만 지킬 따름이니이다."

물론 신앙생활에는 열심과 뜨거움이 있어야 한다. 하지만 더 중요한 것은 말씀을 통해 통제된 열심과 뜨거움이라야 한다는 사실이다. 말씀의 방향키가 필요하다. 말씀의 지식이 있어야 참된 덕과 인격의 열매도 맺을 수가 있다. "그러므로 너희가 더욱 힘써 너희 믿음에 덕을, 덕에 지식을"(벧후 1:5) 쌓아가야 한다.

기도도 마찬가지다. 우리 주변에도 말씀과 상관없이 기도에만 열중하는 사람들을 많이 볼 수 있다. 그런 사람들의 기도를 들어 보면 인위적이고 주술적이고 샤머니즘적이고 자기중심적인 경우가 많다.

어떤 집사님이 기도원에 갔는데 옆에 금식하면서 정말 간절히 기도하는 분이 계셔서 이렇게 물어봤다고 한다.

"무슨 애절한 기도제목이라도 있습니까?"

그분은 이렇게 대답했다고 한다.

"네, 아버님이 조만간에 돌아가실 것 같은데 형제들과 재산 분배할 때 제 앞으로 가장 많은 재산이 돌아올 수 있게 해 달라고 이렇게 기도하고 있습니다. 집사님도 생각날 때마다 기도해 주세요."

실제로 이런 성도들이 있다. 하나님의 뜻이 무엇인지는 관심도 없다. 그냥 자신의 욕심과 정욕을 채우기 위해 기도라는 도구를 사용할 뿐이다. 그리고 목적한 바만 달성되면 신앙생활을 접는다.

다니엘서 9장에 다니엘의 기도가 나오는데 그의 기도가 그렇게 강력하고, 건강하고, 고결하고, 고상하고, 빠르게 응답 받을 수 있었던 비결이 무엇인가? 바로 하나님의 말씀에서 출발한 기도이기 때문이다. 다니엘은 지금 바벨론에서 포로 생활을 하고 있다. 노예로서 삶을 살고 있다. 그러니 당연히 자기 백성들의 포로생활이 언제쯤 끝날 것인가에 대해서 가장 큰 관심을 가질 수밖에 없다. 그는 "포로생활이 언제쯤 끝날 것인가?"에 대한 대답을 얻기 위해 성경을 연구하기 시작했다. 그는 성경을 읽고 연구하다가 놀랍게도 그 유대 민족의 고난이 끝나는 시기를 성경에서 발견하게 되었다.

"곧 그 통치 원년에 나 다니엘이 책을 통해 여호와께서 말씀으로 선지자 예레미야에게 알려 주신 그 연수를 깨달았나니 곧 예루살렘의 황폐함이 칠십 년만에 그치리라 하신 것이니라"(단 9:2).

다니엘이 포로가 된 것은 주전 605년이었다. 그리고 다니엘이 계시를 받고 기도하게 된 때가 주전 538년이다. 이 기간을 계산해 보았을 때 유대 민족의 포로 생활이 3년 정도밖에 남지 않았다는 것이다. 하나님의 말씀을 통해서 고난의 세월이 불과 몇 년 남지 않은 것을 발견하고 다니엘은 얼마나 기뻤겠는가? 그러나 그는 기뻐하는 데서 머무르지 않고 그 말씀을 붙들고 기도해야겠다고 생각했다.

당신에게도 성경을 읽고 연구하고 묵상할 때 특별히 부딪쳐 오는 말씀이 있었는가? 그때 당신은 어떻게 했는가? 그것을 기도로 연결시켰는가? 다니엘은 자신에게 부딪쳐 오는 말씀을 기도로 발전시켰다. "이제 우리 민족의 고난의 때가 얼마 남지 않았다. 이때가 중요한 때로구나. 지금이야말로 기도를 해야만 하는 때로구나"라고 생각한 것이다.

우리의 기도가 가장 뜨거울 때는 언제인가? 말씀 듣고 난 뒤 바로 기도할 때이다. 그때 확신과 믿음이 불일 듯 일어난다. 그때가 응답받기 위한 절호의 찬스다. 말씀 없는 기도생활은 신비주의로 빠져들기 쉽고, 기도 없는 말씀생활은 형식주의에 빠지기 쉽다. 신앙생활에서 이 둘의 조화와 균형이 필요하다. 이와 같이 건강한 기도 생활이라는 것은 언제나 하나님의 말씀에서 출발해야 할 것이다.

5만 번의 기도응답을 받은 죠지 뮬러는 기도응답의 비밀을 묻는 사람들에게 언제나 이런 충고를 했다고 한다.

"하나님의 약속에 근거해 기도하십시오."

그 약속이 어디 있는가? 성경 안에 있다. 우리의 삶에 관한 놀라운 약속들이 얼마나 많이 이 말씀 안에 담겨져 있는가?

우리가 잘 아는 종교개혁가 마틴 루터는 거의 매일 시간을 내어 시편을 눈물과 탄식으로 읽으면서 자신의 탄원을 주님께 아뢰었다고 한다.

그리고 18세기 미국 영적 대 각성 운동을 이끌었던 조지 휫필드의 강력한 복음 전파의 원동력도 매일 몇 시간 동안 성경을 읽고 기도하는 그의 습관에서 나왔다고 평가하고 있다.

나는 결혼하고 주위 사람들로부터 자녀교육에 관한 원리들을 많이 들었다. 그 가운데 하나가 '자녀와 함부로 약속을 하지 말라는 것'이다. 아이들은 아빠가 '뭐 사주겠다, 어디에 데려 가겠다'는 말을 한 번만 슬쩍 흘려도, 다른 건 몰라도 그것은 절대 안 잊는다. 그리고 포기하지 않고 계속 조른다. 그리고 약속해놓고 자꾸 지키지 않으면 나중에는 아이가 부모를 양치기 소년같이 생각하는 것이다. 나중에는 어떤 얘기를 해도 거짓말이라고 생각한다. 그래서 우리의 자녀들이 "아빠 저하고 약속 했잖아요?"라고 하면 부모들이 꼼짝 못한다. 약속을 앞세우면 부모들이 들어줄 수밖에 없다. 우리 하나님도 마찬가지다. 성경은 약속의 책이다.

우리 하나님은 뭐든지 다 맘대로 할 수 있는 전지전능하신 분이지만, 어떤 의미에서 약속하신 말씀에 매이시는 분이다.

많은 성도들이 신앙생활하면서 가장 어려워하는 것 가운데 하나가 대표기도다. 그래서 어떤 성도들은 대표기도 잘하기 위해 대표기도 책을 사보거나, 어떻게 하면 대표기도를 잘할 수 있는지 목사에게 자주 질문을 해 온다.

내가 생각하기에 대표기도를 잘하려면 첫째는 자주 소리 내서 기도해 봐야 한다. 입안에서 우물우물 하지 말고 자기 귀에 들릴 정도로 통성기도를 많이 해 보는 것이다. 두 번째는 말씀을 많이 읽고 묵상해야 된다. 기도라는 것이 언변이 유창하다고 잘하는 것이 아니다. 그 사람 안에 하나님께서 주시는 비전과 꿈과 믿음이 있어야 한다. 쉽게 말해 '기도거리'가 필요하다. 말씀이 있어야 기도할 것이 많아지고, 기도가 깊어질 수 있다. 말씀 충만이 바로 기도 충만이다.

기도할 때마다 관련 말씀을 읽어라. 약속의 말씀을 붙들고 기도하는 것보다 더 강력하고 확실한 기도응답을 받을 수 있는 방법이 어디 있겠는가? 나는 기도할 때마다 늘 붙드는 말씀이 하나 있다. 그것은 예레미야 33장 2-3절의 말씀이다. "일을 행하시는 여호와, 그것을 만들며 성취하시는 여호와, 그의 이름을 여호와라 하는 이가 이같이 이르시도다 너는 내게 부르짖으라, 내가 네게 응답하겠고 네가 알지 못하는 크고 은밀한 일을 네게 보이리라."

나는 주님께서 내 기도에 어떤 방식으로 응답하실지 잘 알지 못한다. 하지만 내가 할 수 있는 것은 단 한 가지 주님께 부르짖는 일이다. 내가 부르짖어 기도하면 하나님께서 어떤 방법으로든지 내 일을 친히 성취해 주시고, 또한 나의 이성과 계산을 초월하는 놀라운 응답을 주시겠다고 약속하셨다. 나는 기도할 때마다 이 말씀에 얼마나 힘과 용기를 얻는지 모른다. 하나님의 말씀을 여는 열쇠는 기도이고, 강력한 기도 응답의 비결은 하나님의 말씀에 있다. 기도에 의해 말씀이 열려지고, 하나님의 말씀에 의해 기도가 풍성하게 되고 강화되고 견고해진다.

"하나님은 사람이 아니시니 거짓말을 하지 않으시고 인생이 아니시니 후회가 없으시도다 어찌 그 말씀하신 바를 행하지 않으시며 하신 말씀을 실행하지 않으시랴"(민 23:19).

혐오감을 주는 행동은
삼가라

철야기도 인도자가 성도들과 함께 통성으로 기도할 때 입을 마이크에 너무 가까이 대고 괴성을 지르거나, 알 수 없는 방언으로 기도하는 것을 삼가야 한다. 통성기도는 자신의 귀에 들릴 정도면 되고, 방언은 혼자 하나님께 하는 것이지 공적인 자리에서 하는 것이 아님을 알자. 그리고 인도자는 명확한 언어와 적당한 크기의 소리로 기도해야 성도들이 부담을 느끼지 않는다.

삼일교회는 철야기도회때 많은 사람들이 참석하면 본당 외의 장소에 화면을 설치해서 영상으로 예배를 드리고 있다. 이때 본당 외의 장소에서 기도하는 사람들에게는 성도들의 기도하는 소리는 거의 들리지 않고, 인도자 목소리만 크고 명확하게 들리므로 주의해야 한다. 또한 주먹으로 강대상을 계속 강하게 내리치거나 손뼉을 끊임없이 치는 행위도 주의해야 한다. 상대방을 전혀 배려하지 않는 기도는 하나님도 부담스러워 하실 것이다.

많은 목사님들이 가끔 기도에 관한 문제로 고민을 하는 것을 볼 수 있다. 대개 담임목회자는 1년에 성도들 앞에서 약 1천 번에서 1천 5백 번을 기도하게 된다. 그렇게 몇 년을 하다가 보면 웬만한 성도는 목회자의 기도가 귀에 익어버린다. 상투어가 나올 때가 많고, 감동도 떨어진다. 그래서 많은 목회자들이 어떻게 하면 새롭게 기도할까를 고민한다. 하지만 고민할 필요가 없다. 왜냐하면 기도는 사람 앞에 보이는 것이 아니라 하나님 앞에서 하는 것이기 때문이다. 그냥 기도하면 된다. 그래도 변화를 주고 싶다면 그날 전하는 말씀을 따라 기도하면 된다.

이렇게 우리는 항상 "오직 하나님께 기도한다"는 의식을 가지고 기도해야 한다. "사람에게 내 기도가 어떻게 들릴까?"를 너무 의식하지 않아야 한다. 어떤 교회에 가보면 기도하는데 얼마나 조용하게 기도하는지 쥐 죽은 듯이 아주 고요하다. 왜 그러느냐고 물어보니까 소리 내어 기도하면 남에게 피해를 주기 때문이라는 것이다. 그 취지는 이해하지만 너무 지나친 것이 아닌가 하는 생각이 든다.

반면에 어떤 성도는 옆 사람을 너무 의식하지 않고 기도하는 것을 볼 수 있다. "내가 기도를 잘했나?"는 지나치게 신경을 쓰지 않아야 되지만 "내 기도가 남에게 혐오감, 불편함을 주지 않는가?"라는 배려는 필요하다. 그런 기도의 모습은 자칫 옆에서 같이 기도하는 사람들의 기도를 방해할 수 있기 때문이다.

삼일교회 철야 기도회는 사람들이 너무 많아 서로 붙어 앉을 수밖에 없다. 그런데 어떤 성도는 옆 사람과 막 부딪힐 정도로 심하게 흔들면서 기도한다. 또 어떤 성도는 이상한 기합소리를 내면서 옆 사람에게 혐오감을 준다. 또 누군가는 가슴을 막치면서 기도하다가 옆 사람을 치는 것도 봤다. 아무리 간절히 기도한다고 해도 옆 사람을 배려하지 않는 기도는 아름답지 않다. 질서와 화평의 하나님께서도 그런 기도를 과연 좋아하실까? 그것을 아는 지혜로운 성도들은 서서히 기도를 달군다. 뜨겁게 기도하면서도 주변을 살핀다. "혹시 연약한 자가 없나? 혹시 내 기도가 다른 사람에게 방해가 되지 않을까?" 그리고 울부짖는 기도와 큰 소리로 하는 방언기도는 대개 사람들의 기도가 다 끝나갈 무렵에 한다. 참 지혜로운 성도다. 기도회를 인도하는 지도자도 그런 사려 깊은 태도가 필요하다.

그러므로 기도회를 인도하는 지도자든, 기도를 하는 성도든 하나님만 바라보고 열정적으로 간절히 기도하되, 주위 사람들에게 시선을 돌리는 것을 잊지 않고 드리는 기도가 가장 진실한 기도라고 할 수 있을 것이다.

삼일교회 성도들의 **철야기도 스토리**

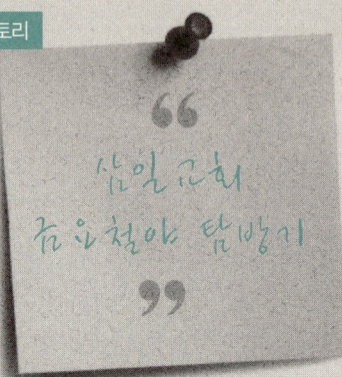

"
삼일교회
금요철야 탐방기
"

드디어 인터넷으로만 듣던 삼일교회를 직접 볼 수 있는 기회를 가졌다. 정말 듣던 대로 좁은 골목길을 통과해야 교회가 나오는지, 바닥은 마루이고 천장은 비가 새는지, 철야예배를 정말 11시부터 새벽 4시까지 하는지, 그 늦은 시간에 사람들은 얼마나 오는지, 궁금했던 것들을 직접 확인할 수 있는 기회가 온 것이다.

고려대에서 열린 음성신호처리 학회 차 서울에 올라 온 터라 고려대에서 저녁 리셉션이 끝나고야 삼일교회로 향할 수 있었다. 넉넉잡아 한 9시쯤 도착할 수 있을 것 같았다. 삼일교회 홈페이지에 약도와 길안내가 아주 자세히 나와 있어서 쉽게 찾아갈 수 있을 줄 알았다. 그런데 그렇게 후미진 곳에 있을 줄이야! 자세한 약도에도 불구하고 두 번을 헤맸다.

드디어 용산 경찰서를 찾고 옆에 겨우 보이는 좁디좁은 골목(거기다가 언덕)을 지나 허름한 예배당이 눈에 들어왔다. 예배당은 생각보다 작았다. 문득 진리로 가는 길은 좁다는 말씀이 생각났다. 저녁시간, 예상대로 젊은이들이 여기저기 옹기종기 모여 있었다. 예배당은 조명과 벽 색깔 등이 그날 부슬부슬 내리던 비와 칙칙한 조화를 이루고 있었다. 마치 '어셔가의 몰락'에 나오는 건물을 연상시키는 것 같았다.

예배까지 2시간 정도 남았는데 조용히 기도할 심산으로 중간에 적당히 자리를 잡아 눈을 감았다. 그런데 젊은이들이 본당 안으로 들어와서 서로 반갑다며 이런 저런 이야기를 늘어놓는 것이었다.

대학교 매점 휴게실 분위기였다. 원래 분위기가 이런가? 우리교회 본당 분위기는 엄숙한데…. 기도하는 사람을 생각해서 나가서 얘기하면 좋을 걸 하는 아쉬움이 들기 시작했다. 나중에 안 사실이지만 밖에서 얘기하면 이웃 주민들이 시끄럽다고 신고를 한다고 한다. 그래서 다들 교제를 본당에서 갖는 것이었다. 이해가 가는 얘기다.

10시쯤 되었을까 어디서 사람들이 이런 후미진 곳을 찾아오는지, 금방 주일 낮 예배를 연상시키는 인원이 본당을 메웠다. 그야말로 바자회의 북적거림이 연상되었다. 심지어는 눈치를 봐서 친구 자리를 미리 맡아두는 사람들도 보였다. 빔 프로젝트로 안내문자가 보이고 "도둑을 조심하세요. 지난 주 도난 4건 발생" 등의 문구가 보였다. "자리 맡아두지 맙시다. xxxx번 차 빼주세요" 등의 문구가 나올 쯤 본당은 차고 넘쳐 못 들어오는 사람들까지 보였다. 나중에 알아보니 본당에 못 들어 온 사람들은 밑에 유치부실과 옆에 칼빈 신학교 등에서 TV로 예배를 같이 드린다고 했다.

젊은이들이 흥청망청할 금요일 저녁에 특히 서울에서, 철야 기도를 드리러 오는 젊은 사람들이 이렇게 많다는 것이 너무 신기했다. 안내 위원들이 한 의자에 7명씩 빼빼하게 앉혔고, 심지어 중앙 통로에 간이 의자들을 일렬로 배치해서 사람들을 빼곡히 앉혔다. 무슨 별천지에 온 듯한 기분이었다. 내 상상을 한참 초월했다.

드디어 11시, 예배는 준비 찬양으로 시작했다. 젊은 사람들 위주의 찬양만

부를 줄 알았는데 어르신들이 즐겨 부르는 일반 찬송가를 불렀다. 이어서 목사님이 서셨는데 조금 실망했다. 왜냐하면 담임 목사님이신 전병욱 목사님을 기대했는데 대신 부목사님이 예배를 인도하셨기 때문이다. 대학생 같은 젊은 사람이 단에 섰기에 예배를 위해 기도만 할 줄 알았는데 알고 보니 그날 설교를 맡은 목사님이셨다.

다같이 기도하자 그러시기에 눈을 감았다. 그랬더니 1시간 기도하기 운동을 벌이고 있다며 각자 통성으로 1시간을 기도하자는 것이 아닌가? 다들 군소리 없이 고개를 숙였다. 전등이 꺼지니 본당을 꽉 채우던 사람들은 어둠 속으로 사라지고, 여기저기 한꺼번에 쏟아지는 기도소리가 본당을 가득 채우기 시작했다. 기도원 분위기, 칠흑 같은 암흑 속에 사람들로 가득 찬 좁은 공간, 아마 폐쇄공포증이 있는 사람은 견디지 못했을 거다. 이러지도 저러지도 못하고 할 수 있는 일이라곤 눈감고 기도하는 것 밖에 없었다. 얼떨결에 나도 기도를 했는데 비몽사몽간에 1시간이 그럭저럭 흘렀다.

드디어 불이 켜지고 마치 암흑에서 빛으로 나온 걸 축하라도 하듯 앞에서 율동을 하기 시작했다. 옆 사람과 손바닥을 맞추기도 하면서 분위기가 화기애애해졌다. 목사님 말씀은 느헤미야 3장 1절-30절이었고, 제목은 "재주는 눈곱만치도 없는 사람이 승리하는 법"이었다. 설교에서 마음에 와 닿는 부분은 '사람을 사랑하고 귀히 여기라' 는 말씀이었다. 부목사님은 담임목사님과는 다른 매력을 갖고 계셨다.

지금까지 전목사님 설교가 삼일교회 부흥의 원동력인줄 알았는데, 부목사님 설교도 엄청난 파워가 있었다. 겸손히 자신의 결점을 드러내면서 성도들이 공감을 가지도록 하는 모습이 참 보기 좋았다. 인터넷에 올라온 그 목사님 설교도 열심히 들어야겠다는 생각이 들었다.

새벽 1시 30분쯤, 1부 예배가 끝나고 2부 예배가 새벽 2시에 시작되려 하고 있었다. 사람들이 하나 둘 떠나고 이젠 각자 기도하다 가겠지 했는데, 웬걸 다른 곳에서 예배드리던 사람들이 본당으로 몰려와 다시 본당은 성도의 열기가 가득하게 되었다. 2부 예배는 전도사님이 인도하셨는데 찬양과 기도, 설교로 이어지는 은혜로운 시간이었다. 결국 예배의 모든 순서는 4시가 되어서야 끝이 났다.

결국 한숨도 안자고 꼬박 밤을 새웠다. 그런데 이렇게 진짜 철야예배를 드리고 나니 정말 뿌듯하고 몸이 한결 가벼웠다. 서울 출장 오면 주로 여관에서 자곤 했는데, 잠을 잘 못자서 항상 몸이 지뿌둥하곤 했다. 그런데 철야를 하니 여관비도 벌고 기도도 하고 일석이조가 따로 없다. 새벽 4시 대중교통이 끊어진 터라 본당 여기저기 누워서 자거나 기도하는 모습, 책 읽는 모습들이 눈에 띄었다.

이런 젊은이들을 보면서 우리나라의 미래는 밝다는 생각을 했다. 젊음을 이런 일에 바치는 것이야말로 한번쯤 해 볼 만하지 않은가? 이들은 교회를 위해, 선교를 위해, 나라를 위해 기도하면서 밤을 새웠다.

내가 봐도 이렇게 예쁜데 주님이 보시기에 얼마나 사랑스러우실까 하는 생각을 했다. 부산으로 내려오는 기차에서 우리나라 여기저기서 삼일교회 같은 교회들이 많이 생기면 얼마나 좋을까 하는 생각을 내내 했다.

"주님, 저를 포함한 이 땅의 젊은이들에게 흔들 수 있는 깃발을 주시고 몸을 던질 수 있는 가치를 주옵소서. 성령 충만으로 임하셔서 주님의 권능으로 빛의 증인이 되게 하소서!"

— **이서배 집사**(김해제일교회)

철야기도 진행자
역할 분담

전체인도자

삼일교회 금요철야는 1부는 담임목사님이 인도하고, 2부는 부교역자들이 윤번제로 인도한다. 부서별, 기관별로 철야기도회를 할 때는 인도는 회장단이 하고 설교만 교역자가 담당할 수도 있다.

삼일교회의 경우에는 예배의 흐름을 끊지 않기 위해 모든 예배의 진행을 처음부터 마지막까지 설교자가 인도하는 것을 원칙으로 삼고 있다. 인도자는 미리 기도제목과 찬송을 충분히 준비해서 상황에 따라 유연성 있게 기도회를 인도한다.

철야 기도회 인도자는 사전에 많은 준비 — 찬양의 선곡, 기도에 관한 말씀, 성도들의 상황에 맞는 기도제목 — 가 있어야 성도들에게 은혜를 끼칠 수 있다. 철야 인도자의 영성과 믿음이 성도들에게 그대로 전달되기 때문이다. 내가 먼저 은혜 받지 못하면 다른 사람에게 은혜를 끼칠 수 없고, 내가 확신 없이 전하는 것은 상대방에게도 확신을 주지 못한다는 것을 기억하자.

찬양인도자

찬양인도자는 철야 기도회 15분 전에 찬양을 미리 시작한다. 찬양인도는 음악적 재능이 있고 찬양에 헌신된 찬양담당자가 한다. 찬양인도자에게 필요한 것은 '재능과 성실함'이다. 악보를 제대로 볼 줄도 모르고, 찬양에 은사가 없는 사람을 세우면 성도들이 찬양하는 데 큰 불편함을 겪는다. 일주일에 한 번씩 찬양인도를 하지만 그 순서가 빨리 돌아오기 때문에 성실함이 없으면 지속할 수 없다. 그리고 찬양인도자는 철야인도자와 호흡이 잘 맞고 찬양팀 경험이 있는 자로 세우도록 하라.

철야인도자가 찬양인도자에게 찬양 콘티를 미리 주면 좋지만 그러지 못할 경우에는 교회에서 자주 부르는 찬양 정도는 외우는 사람을 찬양인도자로 세우도록 하라.

삼일교회에는 삼일교회 찬양인도의 대모라고 할 수 있는 K 간사가 있는데, 목사님과 거의 10년 이상 호흡을 맞추어 온 베테랑 간사다. 지금은 어떤 곡을 불러도 정확한 음정과 박자로 찬양을 할 수 있는 실력을 갖추고 있고, 찬양을 통해서 모든 예배의 은혜를 배가시키는 역할을 잘 감당하고 있다. 철야 때 이런 찬양인도자 한 명만 있어도 성도들의 기도에 큰 힘이 될 것이다.

율동팀

율동하는 사람은 맨 앞자리에 앉게 해서 율동찬양을 하게 되면 바로 앞으로 나와서 율동할 수 있게 준비시킨다. 율동하는 사람들은 교회에서 자주 하는 율동은 언제든지 할 수 있도록 사전에 미리 훈련하고 손

▲ 철야예배 율동팀과 찬양팀

발을 맞추어 보는 것이 중요하다. 손발이 맞지 않으면 그것만큼 어색한 것도 없다.

율동하는 사람들은 옷을 말끔하게 통일시키고, 동작이 부드럽고, 얼굴표정이 밝은 사람을 세우는 것이 좋다. 달란트는 없고 열정만 있는 사람은 절제시키는 것이 좋다.

나는 삼일교회 율동하는 형제, 자매들을 볼 때마다 입을 다물지 못한다. 수십 가지나 되는 그 많은 율동을 조금의 실수도 없이 소화해 낸다는 자체가 나 같은 몸치에게는 충격이 아닐 수 없다. 게다가 율동이 없는 찬양에는 율동까지 자유자재로 만들어 내니 그들의 프로정신에 박수를 보낸다.

삼일교회는 모든 예배시간에 율동 많이 하기로 소문난 교회다. 철야

기도회 시간이라고 해서 예외는 아니다. 말이 율동이지 에어로빅을 방불케 한다. 한번은 주일 젊은이 예배시간에 30분 이상 율동만 계속하는 경우도 있다. 우리가 온몸으로 율동한다는 것은 많은 의미를 내포하고 있다. 그것은 하나님 앞에서 내 체면과 위선을 내려놓는 것이요, 주위 성도들에게 내 마음을 활짝 연다는 의미가 있다. 율동이야말로 하나님께 드리는 찬양을 입술의 찬양에서 온 몸의 찬양으로 한 차원 끌어 올리는 영적 예술 행위라고 할 수 있다.

"소고 치며 춤추어 찬양하며 현악과 통소로 찬양할지어다"(시 150:4).

"춤추며 그의 이름을 찬양하며 소고와 수금으로 그를 찬양할지어다"(시 149:3).

음향, 영상 담당자

음향, 영상 담당자는 예배 30분 전에 조명과 음향을 설치, 점검하도록 한다. 그리고 철야인도자의 목소리에 맞게 음향을 세팅해 두고, 찬양 가사와 설교를 녹음할 수 있는 노트북과 빔 프로젝트 등의 장비도 미리 준비해 둔다. 특별히 회중찬양을 하게 되면 찬양가사를 즉시 띄울 수 있게 하고, 설교 녹음 시 졸지 않도록 주의한다. 그리고 음향, 영상 담당자가 자리를 비울 때 대신할 수 있는 사람을 세워놓자.

예배나 기도회에서 음향은 매우 중요하다. 아무리 잘 준비되고 은혜로운 말씀이라 해도 그것을 전달하는 음향이 엉망이면 은혜를 누리지 못한다. 기독교는 말씀의 종교가 아닌가? 성도들이 말씀을 잘 들을 수 있는 길이 있다면 조금 과도한 물질의 투자도 무방하다고 생각한다. 음향 때문에 예배에 실패를 초래해서야 되겠는가?

　삼일교회도 교육관을 건축하기 전까지만 해도 교회 본당 천장이 너무 높고, 음향기기가 노후 되었고, 예배당 방음장치가 제대로 되지 않아 예배인도자의 목소리가 울리고 잘 들리지 않았었다. 그러나 지금은 교육관이 잘 지어져서 예배인도자의 목소리가 명확하게 잘 들린다. 나는 예배드리는 장소가 어디든지 일단 설교가 크고 명확하게 잘 들릴 수 있는 시스템을 갖추는 것이 매우 중요하다고 생각한다.

| 나가는 글 |

기도의 불꽃을
다시 지펴라

　우리는 사도행전을 '성령행전'이라고 부른다. 그러면 사도행전 속 성령의 역사는 무엇으로부터 시작되었는가? 그 시작은 마가의 다락방에 모인 120명의 성도들의 열흘 동안 장시간의 기도를 통해서였다. 예수님께서 부활하시기 전의 제자들은 정말 나약하고 보잘 것 없는 자들이었다. 그런데 오순절 사건 이후 제자들이 믿음이 흔들렸거나 주님을 배신했다는 얘기는 들어보지 못하였다. 무엇이 그들을 이렇게 변화시켰는가? 그것은 바로 마가의 다락방에서의 흘러넘치는 기도, 오랜 시간의 기도 때문이었다. 오순절 마가의 다락방에서 드린 열흘 동안의 기도를 통해 그들이 강력한 그리스도의 군사로 거듭난 것이다.

　사도행전 3장 6절을 보면 베드로가 성전 미문에 앉은뱅이를 보고 무엇이라고 외치는가? "베드로가 이르되 은과 금은 내게 없거니와 내게 있는 이것을 네게 주노니 나사렛 예수 그리스도의 이름으로 일어나 걸 으라 하고." 베드로의 이러한 능력이 어디서 나왔는가? 바로 '제 구시' 에 드리는 기도 때문이다(행 3:1).

오늘날 성도와 교회의 문제점이 무엇인가? 세상의 은과 금은 있는데 예수 이름의 권세를 잃어버린 것이다. 왜 교회가 이런 나약한 모습이 되었는가? 기도의 부재(不在) 때문이다. 사실 알고 보면 교회와 성도의 모든 문제의 뿌리는 기도의 부재 때문임을 알 수 있다.

새벽기도의 유익도 이루 말할 수 없이 크지만 철야기도회에 비해 시간의 제약과 인원 참여의 제약이 따른다. 하지만 철야기도회는 하루의 일과를 마치고 드리는 기도이기에 비교적 여유가 있고, 새벽기도에 비해 시간상의 제약이 거의 없어 장시간 기도를 드릴 수 있다는 장점이 있다. 삼일교회 같은 경우에도 새벽기도회는 전 성도의 10퍼센트 정도가 모이지만, 철야기도회에는 20퍼센트 이상의 성도들이 모인다. 이 철야기도회야말로 일주일 동안 기도하지 못했던 성도들의 영적 갈급함을 한꺼번에 해소해 줄 수 있는 최적의 시간임에 틀림이 없다.

한국교회에 다시 한 번 부흥의 바람이 불도록 하기 위해서는 기도의 부흥이 일어나야 한다. 본질로 돌아가야 한다. 핵심을 붙들어야 한다. 지금이야말로 분주하게 뛰어다니는 마르다의 영성보다는 오랜 기도를 통해 주님과 깊이 교제하는 마리아의 영성이 필요하다.

부디 이「기도에 목숨을 걸라」를 통해서 교회마다 밤새워 기도하는 기도의 태풍이 불어서 다시 한 번 한국 교회의 전성기를 맞이하기를 간절히 바란다.

좋은 씨앗은 하나님의 말씀입니다.
이 말씀이 좋은 마음밭에 떨어져 하나님의 나라가 땅끝까지 확장되고, 예수 그리스도를 본받아 그 향기를 품은 성령의 사람들이 세상에 넘쳐나길 기대합니다. 그래서 백 배, 육십 배, 삼십 배의 결실을 맺기를 소망합니다(마 13:18). 천국은 좋은 씨를 제 밭에 뿌린 사람과 같기 때문입니다.
〈좋은씨앗〉은 이와 같은 소망과 기대를 품고 하나님께 출판 사역으로 쓰임 받기를 기도합니다.

〈좋은씨앗〉은 이렇게 일하고 있습니다

1. 경건한 마음과 능력으로 책을 만듭니다.
책을 만드는 모든 과정에서 예수님을 기획자로 모시고 기도로 준비하며, 성령님의 인도하심에 따라 일합니다.

2. 출판 사역으로 복음을 전합니다.
예수님의 말씀을 배우고 가르치고 삶에 적용하는 데 도움이 되는 책을 만들어 하나님의 나라를 확장합니다.

3. 신앙의 성장과 성숙을 돕는 책을 펴냅니다.
예수님을 본받아 칭찬 듣는 믿음을 가진 이들의 삶과 신앙을 책으로 소개하고, 참 믿음을 요구하는 경건한 목소리를 책으로 담아냅니다.

4. 문서 선교로 해외 선교를 지원합니다.
복음을 전하기 위해 수고하고 있는 선교사들을 돕기 위해, 선교지의 언어로 신앙 서적을 번역하고 출간하는 문서 선교에 힘씁니다.

5. 이웃 사랑을 실천합니다.
어려운 이웃을 돕는 일과 영혼을 구원하는 일에 우리들의 수익금을 환원합니다.